# 高效工作法

[日] 渡边英理奈 / 著

秦石美 / 译

中国科学技术出版社

· 北 京 ·

Original Japanese title: TOYOTA SHAIN DAKE GA SHITTEIRU CHOU KOURITSU
SHIGOTOJUTSU
Copyright © Erina Watanabe 2018
Original Japanese edition published by Forest Publishing Co., Ltd.
Simplified Chinese translation rights arranged with Forest Publishing Co., Ltd.
through The English Agency (Japan) Ltd. and Shanghai To-Asia Culture Co., Ltd

北京市版权局著作权合同登记　图字：01-2020-5293。

**图书在版编目（CIP）数据**

丰田高效工作法 /（日）渡边英理奈著；秦石美译 . —北京：
中国科学技术出版社，2021.3
　　ISBN 978-7-5046-8884-2

　　Ⅰ.①丰… Ⅱ.①渡… ②秦… Ⅲ.①丰田汽车公司—工业
企业管理—经验 Ⅳ.① F431.364

中国版本图书馆 CIP 数据核字（2020）第 209744 号

| | |
|---|---|
| 策划编辑 | 申永刚　耿颖思 |
| 责任编辑 | 申永刚 |
| 封面设计 | 马筱琨 |
| 版式设计 | 锋尚设计 |
| 责任校对 | 焦　宁 |
| 责任印制 | 李晓霖 |

| | |
|---|---|
| 出　　版 | 中国科学技术出版社 |
| 发　　行 | 中国科学技术出版社有限公司发行部 |
| 地　　址 | 北京市海淀区中关村南大街 16 号 |
| 邮　　编 | 100081 |
| 发行电话 | 010-62173865 |
| 传　　真 | 010-62173081 |
| 网　　址 | http://www.cspbooks.com.cn |

| | |
|---|---|
| 开　　本 | 880mm×1230mm　1/32 |
| 字　　数 | 115 千字 |
| 印　　张 | 6 |
| 版　　次 | 2021 年 3 月第 1 版 |
| 印　　次 | 2021 年 3 月第 1 次印刷 |
| 印　　刷 | 河北鑫兆源印刷有限公司 |
| 书　　号 | ISBN 978-7-5046-8884-2/F·909 |
| 定　　价 | 59.00 元 |

# 前言

## 希望早点下班，但为何总是事与愿违

"今天一定要早点下班！"

每天早上出门前总是这么计划，白天上班的时候也是忙忙碌碌，马不停蹄地工作，但总是不能按照计划顺利完成工作任务。结果，下班到家往往已是晚上10点多。回到家，伴着电视草草吃个饭然后洗个澡，就该睡觉了。

一觉醒来，同样的一天又开始了。一周下来筋疲力尽，只能在周末的时候休息休息，调节一下疲惫的身体。

你是不是也正过着这样的生活？那么这本书正是为你量身定制的。

你需要做的，仅仅是改变一下你的工作方法，就能得到意想不到的收获。

我这么说，你可能会觉得不可思议。但是，我可以肯定地告诉你，绝对没问题。

我之所以敢如此肯定，**是因为你还不知道真正高效的工作方法是什么**。

如果你知晓了真正高效的工作方法，只要稍加实践，你的工作效率以及时间管理的能力，都会提高不少，你每一天的工作生活也将和之前大为不同。

## 读过很多相关书籍，咨询过别人，但还是找不到出路

我为什么可以如此肯定呢？

因为我自己就是个现成的案例。曾经的我，也与你一样。

大学毕业后，我进入丰田公司，从事办公室文职工作。丰田公司，是我大学毕业找工作时，最希望进入的公司。能顺利入职，对我来说是一件非常高兴的事情。我也干劲十足地开始了自己的职场生活。但老实说，进入公司后的两年时间里，我工作得并不开心。

工作本身，可以说是非常有价值也非常有意义的，而且职场氛围也非常好，但我还是不开心。我知道，原因在于我自己。因为我没有掌握高效的工作方法。不明白的事情，怎么也弄不明白。

　　上司几乎每天都会对我发火，同事也对我颇有微词。怎样做是对的，怎样做是错的，怎样做才能使工作顺利开展，我完全不得要领。你可能会想"工作到第三年就好了吧"。但是，当时的我，完全看不到出路，我不知道什么时候才能不再惹上司生气。对于那时的我来说，三年时间实在太长了。

　　怎样做，工作才能顺利推进呢？

　　怎样做，上司才不再生气呢？

　　为了寻求解决办法，我看了很多相关的书籍，也咨询了很多前辈，但还是不得要领。

　　虽然掌握了一些技巧，也学到了一些方法，但都是些零散的碎片化信息，没有系统化的知识可以教会我"如何顺利开展工作"。

　　为什么我的工作总是不顺？

　　为什么我每天加班到很晚，工作还是做不完？

　　日子一天天溜走，我却一筹莫展。

## 不能早下班的人身上所发生的事情

看看那个时候的我，再看看跟我一样不能早早下班回家的人，如今我才明白问题出在何处。

那是因为工作中总是出现"返工"和"无用功"的状况，这也是导致加班的两大原因。

工作流程里存在多余环节，总做着徒劳无功的事，抑或理解错误、工作失误、确认不足导致反复修改。所有这些，都妨碍着我们顺利开展工作，最后导致我们实际花费的时间比预期要长，下班的时间也因此延迟。

某项工作或某份资料完成进度拖延，可能会导致后面的工作任务也跟着延误。就这样，要做的工作接二连三地发生延迟的状况，最后可能导致"永远做不完"或者"要做的工作堆积如山"，你可能就长期无法早下班了。

可见，阻碍你早下班、早回家的万恶之源，就是"返工"或"无用功"。

## "返工"和"无用功"的状况为什么会发生

没有哪个人是自己想"返工"而故意不做好的，对吧？

那为什么还"返工"和"无用功"呢？

其原因在于，工作流程和工作计划不明确。

举个例子，比如，上司给了你一个制作策划方案的工作任务，要求你两周内完成。你想，"还有两周，时间还很充裕，还是先处理手头的工作吧"。你这样想着，心思全放在手头的工作上。

等某一天你忽然想起来的时候才发现，"哎呀，离截止日期还有不到一周的时间了"，开始着急、焦虑。于是，立马着手制作策划方案。你会按照自己大脑中目前能想到的内容制作策划方案，在制作的过程中如果需要数据再去查找。最后，你实际花费的时间比预期时间要长很多。

好不容易，策划方案终于制作完成。当你拿给上司确认的时候，上司却提出意见说，"这个地方信息不足""这个地方不清晰""希望你再细细想一想"等。好不容易完成的方案未能通过，你只能着手修改。于是，今天你又得加班了。

发生这样的情况，是因为你没有明确的工作流程和工作计划，想到哪儿做哪儿。

如果仅作参考的简单策划方案，或者常规的例行报告，这样急匆匆地完成，可能也没有什么问题。

但是，如果是此前从未接触过的高难度企划书和活动方案，或者是会议上要使用的资料，也这样毫无计划和章法地草草完成，确实很容易发生"返工"和"无用功"的状况。

## 两个小时的时间投入能让你受益无穷

要摆脱过去那种"只管埋头苦干"的工作方法，首先需要制定工作流程和制订工作计划，再开始工作。这样，就可以解决问题了。

你可能会想"工作计划准备起来很麻烦""我不想浪费时间去准备"等。其实，只要你做熟练了，制定工作流程和制订工作计划只需要一个小时的时间就能完成，就算你还不熟练，也只需要花费两个小时左右而已。

相反，这两个小时的时间投入不仅可以避免"返工"和"无用功"，还可以比之前的工作模式节省数天的时间。

正所谓，欲速则不达。

是否投入这两个小时制定工作流程以及制订工作计划，对后期的工作影响巨大。

与其去尝试一堆节省时间的小技巧，不如采用这个方法，可以立竿见影地缩短工作时间。

确实，在特别忙碌的时候，我们恨不得马上着手新的工作，哪怕只是两个小时也不愿多花。但是，有了这两个小时的投入，其好处绝不仅仅在于能节省时间。

两小时的投入，不仅可以帮你节省数天的时间，还可以提高工作完成质量；如果需要相关人员分担工作，也更加容易进行分工；向上司和同事的进度汇报也将更加明确。总体来说，你们的沟通会更加顺畅。

如此一来，当被问到"那项工作进度怎么样"的时候，自然也可以毫无压力地轻松应对了。

可以说，这是能给你的工作带来巨变的关键两小时。

## 将丰田公司的优秀工作方法进一步系统化

那么，怎么制定工作流程以及制订工作计划呢？

答案就潜藏在丰田公司的"自工序完结"[1]中。

---

1 自工序完结，是指在自己的工序内做到工作完结，自己判断工作完成质量的好坏，不制造不良品，不把问题留到下一道工序。——译者注

"自工序完结"，原本是丰田公司的生产现场为了保持优良的产品品质而一直非常重视的一个理念。丰田公司历来以产品的高品质著称，也要归功于其周密细致的生产工序和工作流程。

而且，这些生产工序和工作流程被整理制作成"标准作业书"，也就是我们常说的执行手册。标准作业书在各个制造企业贯彻执行、不断传承、不断改善，即使有新员工加入或者管理职员变更，也能按照标准作业书的要求制造出同样高品质的汽车。

也就是说，有了详细的标准作业书，任何人都可以迅速上手，并且能够很好地完成工作。

只不过，一直以来，"自工序完结"的理念和"标准作业书"只在丰田公司的生产现场使用。

于是，将这一理念成体系、分步骤地进行整理总结，使之不仅仅适用于生产现场，还可以应用到办公室白领的职场，并作为培训课程在全世界丰田事业体内推广执行，这便是我当时的工作任务。

那时，我制作完成了适用于全世界丰田事业体的"自工序完结"介绍资料，并设计了面向海外丰田事业体内部培训讲师的培训课程，我本人还担任了这个培训的讲师。

我不仅作为培训讲师亲自讲授"自工序完结"培训课程，在自己的日常工作中以及对职场后辈的指导中，也在不断地实践。所以，可以说我是公司内部对于"自工序完结"理论最为了解并且实践最多的员工。

通过实践，我深切体会到，对于初次接手的新工作、大型企划案、大型活动运营等，"自工序完结"可以发挥更加巨大的作用。

"工作应该怎么推进""截止日期来得及吗"等类似的不安和焦虑也将不再令你困扰。并且能够避免"返工"和"无用功"的情况，拿出更高质量的工作成果。

这里的工作成果，不仅指工作完成后产出的最终成果，还包括工作完成后所呈现出来的最终状态。

在本书中，工作成果的概念，不仅指企划方案和提案书这类有形成果，也指会议、接待客户等，与信息、服务相关的无形成果。

即便是需要多次重复的常规性固定工作，也可以重新制定出高效的工作流程以及制订工作计划，进而提高工作效率。

本书所介绍的"丰田高效工作法"，正是以丰田公司一直以来所坚持的"自工序完结"为基础改进而成的，不仅适用于丰田，也能应用于其他白领工作。

## 实现效率和品质双提升，掌握丰田高效工作法的三大好处

离开丰田公司后，我所从事的几个工作与原来在丰田公司的工作内容完全不同。但每次我都凭借"丰田高效工作法"取得了良好的工作成果。

而且，经过我指导和咨询的客户，其工作状态大幅改善，工作质量也大为改观，工作效率也有了很大的提高。

"丰田高效工作法"脱胎于丰田公司传统的"自工序完结"理念，并针对广大白领职场进行了改进，可以有效减少"返工"和"无用功"的状况。

以我自己的亲身体会，活用"丰田高效工作法"有如下三个效果：

第一，可以避免在无用的工作流程上花费时间和精力。

同样的工作量，通过提高工作效率，可以大幅缩短工作时间，成为高效率的人。此前因为工作效率不高，精力不足，而无法承接新的业务的状况将会大幅改善。上司也会渐渐愿意将重要工作和新的业务交给你。随着工作成果的不断产出，周围同事对你的评价也将越来越好。

第二，能够减少"返工"等意料之外的状况，帮助你在计划时间内完成工作。

既然可以在计划时间内完成工作，那么如果想早点儿下班，自然就可以早点儿下班回家了；如果想要再努力一下，那就加会儿班也无妨。时间将由你自己来控制。

你不用再牺牲个人时间去完成工作，如此一来，你可以多陪陪家人，吃吃美食，学习提升自己，个人生活也将变得丰富多彩，你的生活方式也将随之发生天翻地覆的变化。

第三，工作热情高涨，工作幸福感增强。

因为"返工"和"无用功"的状况减少了，自己努力完成的工作成果得到了认可，再也没有曾经那种工作被否定后的失望和沮丧，也不用再时刻担心需要"重新做一遍"。你的工作会得到越来越好的评价。并且，你还可以承接以前求之不得的、更重要的工作。对工作的热情将变得更加浓烈，工作也会越来越快乐。

## 任何行业和工种都适用的"丰田高效工作法"的精髓

希望我刚刚所列举的那些变化，也会在你的身上发生。

为此，本书将"丰田高效工作法"的内容进行整合精炼，为了更加便于实践，总结成8个步骤，进行详细讲解，清晰易懂，便于掌握。

第一章，介绍丰田公司的"自工序完结"理念，并对"理想的工作方法"进行说明。

第二章，将对"丰田高效工作法"的核心内容，即工作流程和工作计划的制作方法，进行分步骤说明。

第三章，将介绍让相关人员参与其中，提高效率的办法。如果将自己完成的工作流程和工作计划分享给相关人员，可以使工作流程和工作计划不断完善。同时，让相关人员参与进来，还可以借助他们的智慧和力量，工作的推进将更加容易。

对于不擅长"报联商"[1]的人来说，如果将这一章节中介绍的办法应用到工作中，那么对于他来说，"报联商将变得更加顺畅"。在这一章中，还会介绍可以立即运用的要点，便于读者实践。你可以先从第一个步骤开始实践，也可以尝试实践各个步骤中的某些部分。即使只实践其中一部分内容，你的工作效率也将发生巨大的变化。

在第四章内容中，将对当前工作完成后如何进一步完善工作方法进行介绍。如果你能掌握这一部分的内容，那么你

---

1 "报联商"是"报告、联络、商谈"的缩写，指针对工作中出现的问题或变化，要及时报告相关人员，及时联系相关人员并及时与相关人员进行商谈。——译者注

的工作能力将登上一个新的台阶。

　　那么，马上开始吧！一起去看看书中的内容。

　　衷心希望本书能为你的人生带来改变。

# 目录

[第 **1** 章]

## 只有丰田公司员工才知道的
## 超高效工作法

# [第2章]

# 制定工作流程并制订工作计划

## 步骤2 根据工作具体事项制订工作计划 / 57

## 步骤3 将工作具体事项分解为可以执行的步骤 / 69

# 第 **3** 章

## 团队合作可以进一步提高工作效率

 **考虑工作分工 / 103**

# 第4章

# 如何进一步完善工作方法

## 后记 / 163

[第 **1** 章]

# 只有丰田公司员工才知道的
# 超高效工作法

## 丰田公司历史悠久的"自工序完结"是什么

本书所介绍的"丰田高效工作法",以丰田公司的"自工序完结"为基础。

"自工序完结"原本是丰田公司为持续打造高品质产品而不断传承并特别重视的一个理念。"品质是在工序中创造的"是"自工序完结"的精髓。不依赖第三方的品质检验,在自己负责的工序中达到无须检测的高品质,保证高品质产品被持续不断地生产出来。

在丰田公司,有句话叫"检查的哲学,在于不检查"。这句话,在丰田的生产现场得到了有效传承。不管是海外工厂还是国内工厂,不论白天还是夜晚,即使负责人发生变化,丰田公司也能生产出高品质的汽车,其原因就在于这样的理念已经在丰田根深蒂固,深入骨髓。

## 面向白领一族的"自工序完结"必修课程的产生契机

其实,在我负责面向全世界数万名丰田公司的白领员工普及"自工序完结"的理念之前,"自工序完结"对于我来说，不过是听说过的一个词语而已。

虽然这一理念一直在生产现场得以传承和贯彻，但是在丰田的办公室白领职场上，感觉似乎并无用武之地。当时不仅我这么认为，很多办公室员工也有同样的看法。

这样的情况，在2011年发生了变化。变化的契机，是2009年到2010年之间丰田发生的一系列召回事件。

2009年8月，在美国发生了一起交通事故，一辆高速行驶的雷克萨斯[1]汽车刹车失灵导致交通事故，致使车内一家四口死亡。2010年，由于存在油门踏板无法及时回位的缺陷，卡罗拉、凯美瑞等主力车型在全球范围内被相继召回。随后，在丰田公司的本土日本也宣布召回普锐斯。一时间，以高品质著称的丰田品牌陷入了风雨飘摇的境地。

这一系列召回事件给很多顾客带来了不便与麻烦。为此，丰田公司深刻反省，并出台了明确的规定，规定"办公室员工也必须将品质意识融入工作中"。之后又决定引进"自工序完结"必修课程培训，要求公司全体员工必须参加。

实际上，早在2007年丰田公司就已经开始尝试在办公室

---

1 雷克萨斯，日本丰田集团旗下豪华汽车品牌。——译者注

员工中普及"自工序完结"理念了。但当时并未要求全体员工必须参加，员工可以根据自身情况选择是否参加。

所以，"自工序完结"的理念在办公室员工中迟迟未能得到贯彻，包括我本人在内，很多办公室员工对于"自工序完结"仅仅停留在听说过的阶段。

那么，作为全体员工必须参加的必修培训科目，就必须成体系地整理出合适的培训内容、教材以及课程。

我当时正好负责公司的人才培养工作，这项工作便自然落在了我头上。

## 面向白领一族的"自工序完结"必修课程的诞生

将本来只是一种理念的"自工序完结"作为必修课程向全世界的丰田公司员工推广普及的话，以下三点便显得极为重要，这也是"自工序完结"最主要的三个特点。

### ① 适用于任何国家任何地区

既然是作为全世界丰田公司员工的必修课程，就意味着其使用者不仅仅是日本国内的员工。我和美洲、欧洲、亚洲等地区的员工培训负责人也进行了探讨，推出了以"自工序完结"为基础的"丰田高效工作法"。

也就是说，这是一套超越了文化和国民性，具有普遍适用性的工作方法。

## ② 难易度适中，新手容易掌握

"自工序完结"可以说是工作的基础，是一种工作模式，也可以说是工作的推进流程。相关课程在设计之初，便特别重视是否容易理解和实践，并制作了标准流程和教材手册，以便身处业务一线的职场新手也能掌握运用。

所以，不管员工能力如何、经验如何，只要按照步骤执行，都可以达到不错的实践效果。

## ③ 适用于任何白领职场

为了扭转"自工序完结"理念只适用于生产现场的日常重复性工作的传统印象，我们按照职场白领的工作特点和需要，进行了课程设计。

类似策划、设计、协调性业务等，乍一看根本没有流程可言的工作，实际上也是有理想的工作流程的。所以，我们在设计课程的时候，特意考虑了这类工作的需要，设置了相应的学习步骤，以便每一个学习者都能独立制定出基本的工作流程。任何工种或者行业，都能借助这一理论产出高质量的工作成果。

在设计课程的时候，为了保证理论的实用性，我走访了在生产现场长年实践"自工序完结"理念的"现场师傅们"，听取他们的经验并反复推敲、提炼。比如，我对"自工序完结"的理解是否有错误，我的课程设计是否有所疏漏，以他们多年的实践经验来看，在实际操作层面是不是易于上手，等等。在经过多次讨论并反复确认之后，形成了系统性的文本内容。

为白领一族量身定制的"自工序完结"课程就这样诞生了。这一课程旨在帮助来自不同国家和地区，行业和经验各异的职场人士避开"返工"和"无用功"，拿出高质量的工作成果。同时，它也是本书将介绍的"丰田高效工作法"的基础。

## 确认"目的地""最短路线""到达时间"

如前文所述，为了能长期持续地以最快速度达成最佳的工作成果，"自工序完结"理念一直在不断传承、完善。

也就是说，**根据"自工序完结"理念制定的工作流程已经相当完备。只要你按照流程一步步执行，一定能又快又好地完成工作。**

反过来说，多数因工作经常出错、反复修改而烦恼的人，其实是因为没有制定类似于"自工序完结"这样的工作流程，所以才会一再出错并不得不反复修改。

"我应该拿出什么样的工作成果呢""要达到这样的工作成果，我应该以怎样的流程去推进呢"，如果你还怀有这样的疑问，说明你是凭自己的直觉在工作。

**这就好比你并没有弄清楚"目的地"是哪里，仅凭着感觉就出发了，也没有对照地图，只是随意选了一条感觉能走得通的道路闷头前进。**

好不容易到达了"目的地"，却被告知这里并不是你应该到达的终点。本来干劲十足的你，一下子所有的热情都被消磨殆尽。虽然你拼尽全力努力工作，但如果弄错了方向，再努力也是徒劳。

与此相反，"自工序完结"理念讲求的是，**一项工作从开始之初，便要确认清楚"目的地"在哪里。**不是类似"反正就在这附近"的模糊目标，而是类似"哪幢住宅或大厦的哪层楼的哪个房间"的具体目标。

确定目标后，再**明确到达"目的地"的最短路线。**比如，给别人指路的时候，我们会说"在国道1号线的这个红绿灯路口向左转，到那个交叉路口再向右转"。那么，在确定"最短路线"的时候，也要像指路一样清晰明了，好让任何人看了都能理解。好比你在谷歌地图上输入目的地，谷歌地图会告诉你一条详细的路线，若照着路线走，就能到达终点。

如果工作有明确的截止日期，那么，你还需要确定什么时间必须完成工作的哪个步骤。比如当你需要在特定时间赶到某个地方时，就需要规划好详细的出行路线，如"几点必须到达某个地点""几点必须通过某个服务区"等，最后才能按时到达终点。

① 确认"目的地"。
② 确定"最短路线"。
③ 从截止日期倒推，制订工作计划。

如果你做好了上述三点，那么接下来你要做的不过是按照既定的"路线"在规定的时间点前完成各个时间节点的工作具体事项而已。

如果你未能按时完成某个时间节点的工作具体事项，也不要紧，因为你已经意识到问题出在哪里，接下来你还有补救和赶上进度的机会。

不出意外的话，你最后还是能按时抵达目的地。

这就是"自工序完结"理念的大致内容。

这也是"自工序完结"能助你不断又快又好地完成工作的关键所在。

## 错误百出的新员工身上发生了巨大变化

实际上，我的一位职场后辈，也是"自工序完结"理念的受益者。她曾经因工作而无比烦恼，但在"自工序完结"理念的帮助下，最终她取得了非常好的工作成果。

这位后辈是个职场新人，大学一毕业便加入了丰田公司。因为大学刚毕业，没有工作经验，工作中不懂的事情很多。当然，作为新人，不能很好地完成工作也是很正常的事情。

但是，别人指导过的工作还是错误百出，需要反复修改，也确实不应该。为此，她自己非常苦恼。

而我正好是她的"职场前辈"。在丰田公司，会给每一位新入职的员工配备一位老员工作为"职场前辈"。职场前辈的任务是在工作中指导和帮助新员工成长，相当于职场中的大哥哥大姐姐。新员工有任何不懂的事情，都可以咨询职场前辈，有烦恼的时候也可以跟职场前辈倾诉和商量。

作为她的职场前辈，为了帮助她快速成长，每天早上我会花30分钟的时间了解她最近的工作情况。我会问她昨天完成了哪些工作，今天的工作计划是什么，以及哪项工作已临近截止日期了。

通过每天的沟通和我对她工作状况的观察，我发现她工作之所以经常出错，其原因在于没有弄明白工作流程。

于是，我便参照"自工序完结"的理念，每天早上指导她制定明确的工作流程，并按照计划推进。没过多久她的工作方法便大为改观，能够很好地完成工作了。

她的变化，不仅仅在于工作中不再出错、不再返工，更重要的是她可以不再依赖职场前辈，独立完成工作了。工作中遇到问题时，也能第一时间"报联商"，找到解决办法。接听工作电话和处理工作邮件时，也能自信应对了。

因为接连不断地出错和返工而每日愁容满面，说话毫无自信的样子也消失不见了，表情变得开朗，言谈干脆利落，笑容也明显多了起来。

在本书前言中我曾提到，其实我和她一样，也曾因为工作不顺而烦恼苦闷，对自己的工作毫无自信。

但后来，得益于掌握了以"自工序完结"为基础的工作方法，我的工作状态才发生了巨大的变化。这名后辈也跟我一样，从该工作方法中受益良多。


## 以"自工序完结"为基础的"丰田高效工作法"

后来，我离开丰田公司，成为一名咨询师，用自己在丰田积累的经验，致力为各个行业的商务人士讲授提高工作效率的经验，助其提高工作效率，梳理工作流程。

我在丰田时参与开发的白领版"自工序完结"课程成为此时我所讲授的主题。

为了使这个工作方法更具实用性，我试着改变原来的流程顺序，并在原来的流程上添加了一些新的步骤，不断试错、改进，使其结构更加合理。

我独立创业以后，面向各行各业的客户（主要是公司经营者）开展咨询服务，为不同职业、不同岗位的学员（公司经营管理层和普通员工）提供业务指导。在这一过程中，我深切地体会到，直接照搬"自工序完结"为基础的工作方法是不行的，必须要结合新的需求加以改善。比如，"这样做更加易于实施""这个说法调整一下更加易于理解""这里不必过度展开"，等等。在不断挑战和不断试错中逐步完善，并最终形成了全新的、体系化的"丰田高效工作法"。


## 丰田高效工作法能改变什么

运用"丰田高效工作法"，即使面对第一次接触的新工作或此前从未做过的新企划案，也能在截止日期之前交出最佳的工作成果。

除了这个好处以外，我觉得它还具有如下效用。

◎减少"返工"和"无用功"状况的发生。

◎按照自己的节奏推进工作。

◎消除工作开始前的焦虑。

◎拿出高品质的工作成果。

◎将错误扼杀在摇篮中。

◎自由决定是否加班。

◎掌握正确的工作方法。

◎工作流程和工作计划在时间上是宽松还是紧张，清晰可见。

◎工作分工和任务分割变得容易，便于相关人员参与。

◎可以随时得到上司和相关人员的反馈。

◎来自上司和相关人员的压力减轻。

◎上司和相关人员对你的信任增加。

以上还不过是诸多效用中的冰山一角而已。

参加过我教授培训课程的学员，或者实践过"丰田高效工作法"的人士，给了我很多反馈。他们认为运用"丰田高效工作法"之后，原来摸索着推进的工作，思路变得清晰了，自己也不再迷茫、不再烦恼。

因为提前确定了工作流程和工作计划，业务分工变得容易，寻求其他人的协助也成为可能。提前把工作任务安排清楚，你求助的对象才能安排足够的时间来应对你交代的工作任务。如果工作临近截止日期，任谁都会压力倍增。

将制定好的工作流程和工作计划，提前与上司和相关人员分享。通过分享，可以提前得到上司和相关人员的反馈，如果工作流程和工作计划有问题，就能及时修正，避免因事前确认不足而导致的"返工"和"无用功"。

而且，因为上司和相关人员已经知道你的工作流程和工作计划，他们也就不会再总是担心你的工作进展，不会再担心时间是否来得及。不让上司和相关人员担心，便是赢得信任的开始，有了信任，上司和相关人员才会安心地把工作交

13

给你，他们对你的评价也会变得越来越好。

越是以往工作推进不顺的人，越能深刻体会到"丰田高效工作法"的效果和它带给你的变化。

14

# 第 2 章

# 制定工作流程
# 并制订工作计划

**步骤1** 思考工作目的和工作成果

## 会不会"返工"，在你接受工作时便已决定

从本章开始，我会分步骤介绍只有丰田公司员工才知道的"丰田高效工作法"，以方便大家理解和掌握。

只要按照"丰田高效工作法"的各个步骤一步一步推进，将"丰田高效工作法"贯穿到日常工作中，你会发现你的工作方法以及工作成果都将发生巨大的变化。

这里所说的工作成果，是指工作完成后产出的最终成果，以及工作完成后所呈现出的最终状态。不仅指决议方案、企划方案、汽车、电脑等有形的工作成果，还指商谈、会议、活动等无形的工作成果。从这一点来说，也可以理解为"工作效果"。

首先，我要说的是最为关键但是却被众多商务人士所忽视的一个要点。一旦掌握了这个要点，你的工作效率会成倍增长，本来要花费几天时间才能完成的工作，可以大幅缩短至几个小时。

虽然效果如此惊人，但是从我的咨询客户和培训学员的情

况来看，他们大多对此知之甚少。当我把这个要点告诉他们的时候，大家纷纷表示，以前根本没有想到这一点。可见，这是很多人容易忽视的地方。

其实这就是"丰田高效工作法"最初的步骤，**"思考你的工作目的和工作成果"**。

举个例子，如果上司给你分配了一项工作，让你把某个项目的企划案做出来，或者让你负责运营某次会议。这个时候，你怎么做呢？

"好的，我知道了，我一定努力完成！"你是不是这样回答完之后就立即着手工作了？实际上，你的工作出现"返工"和"无用功"状况的根源就在这里。

你可能觉得，"人家给我安排工作，这样回答没错啊"。

其实，**倒不是说你的回答方式错了，而是你漏掉了很重要的事项**。你漏掉的是，没有确认清楚"工作的目的和安排工作的人希望获得的工作成果是什么"。

提前确认与否，你产出的工作成果将会大不一样。

所以，一定要提前确认清楚。

那么，接下来我先对这个极其重要又极易被忽视的要点进行说明。

## 开始工作前，你必须要考虑的事情

对于大多数商务人士来说，每天都要处理很多工作。要把这些工作一项一项处理完，需要花费一整天的时间和精力。所以，对于大多数人来说，一项工作完成之后，马上要投入下一项工作，大家都希望快点把自己眼前的工作全部处理完。

但是，我希望你务必稍稍停下脚步，不要什么都不预先考虑就立即开始下一项工作。而且希望你在开始工作前要想清楚一件事情——也是最重要的事情。那就是，首先要确认清楚"这项工作的目的是什么"。

从未考虑或懒于去考虑这一点的人比比皆是。很多人会误以为，工作本身或者"做事"就是工作的目的，比如，我的工作目的就是完成企划案，召开会议，仅此而已。

因为过于忙碌，所以大家都把大量的精力放在了如何完成一个又一个工作任务上，而最为重要的"工作目的"却反而遭到忽视。

但这样做的结果往往是，工作接连出错，一再返工。

## 弄清工作目的之后，就能顺利完成了吗

如果没有弄清楚工作的目的，很有可能你所产出的工作成果也是错误的。换而言之，**工作的目的不同，要求产出的工作成果也是不同的。**

如果你因为太忙而忽略工作目的，可能会导致你所产出的工作成果与工作的目的不匹配，或者所产出的工作成果没有任何意义。

说起确认工作目的，可能有的人会说："我都已经知道要做什么了，还特意去确认工作目的，会不会让别人觉得我太过啰唆？"

那么，我们先不讲工作，先以"准备晚餐"为例来进行说明，两者在"工作成果产出"这一点上是相通的。

如果你做晚餐的目的，是为了招待一位非常重要的客人，你会怎么做呢？

是不是从菜单到食材，甚至盛食物的碗碟都会精挑细选？这顿饭肯定不会与平时自己家里吃的饭菜一样，对吗？你肯定会挑选一些精致美观、符合客人口味的菜色，对吗？盛饭菜所用的碗碟，是不是也不会使用平常家用的碗碟，而是会挑选一些设计精致、材质考究，并且外形特别好看的碗碟，对吗？

再试想一下，如果这顿晚餐是做给自己家人的，你又会怎么做呢？

　　因为考虑到家人的健康，你肯定会严选食材产地，但同时又会尽量压缩成本。菜品也是家人平常喜欢吃的，或者可以在短时间内迅速做好的，盛食物用的碗碟肯定也是常用的碗碟，对吧？

　　如上所述，同样是做晚餐，目的不同，你准备出来的饭菜完全不一样。

　　那么接下来，我们来分析一下前面提到的企划案的例子。

　　根据目的的不同，你可能需要把企划案做得非常详细、正式，也可能只需做一个简简单单、轻而易举就可以完成的小方案就能满足要求。

　　比如，你要做的企划案是汇报给公司总经理的，并需要总经理进行裁决和审批，你可能就需要做一个比常规企划案更加正式更加详细的方案。不仅企划案的形式和格式需要仔细考量，甚至连措辞和说法都要谨慎斟酌。

　　反过来，如果企划案只是供部门内部或者小组成员参考使用的话，你会怎么做呢？

　　可能方案的完成质量就不需要那么高，甚至根本不需要你重新去做一份新的方案，直接使用现有的材料来代替就可以了。

由此可见，其实工作的目的，从根本上影响着你工作的内容和质量。由于工作的目的不同，你需要呈现出来的工作成果也完全不一样，花费在工作上的时间、精力甚至费用也会完全不同。

所以，提前把工作的目的确认清楚是非常重要的。

如果工作完成后才发现你做的事情是错的，即使知道错了又能怎么样呢，你已经花费的时间、精力和费用再也找不回来了，这纯粹是一种浪费。所以，请大家开始着手工作之前，务必先确认清楚你做这项工作的目的，并将其作为一种习惯保持下去。

单只这一个习惯，就能让你的工作效率和工作质量发生巨大的变化。

## "普通"一词，不同的人也有不同的理解

明确了工作的目的，接下来就该思考"怎么做"，也就是说思考你应该产出什么样的工作成果。

当上司安排你写一份企划案，如果你没有弄清楚上司希望获得的工作成果是什么就着手推进，往往会白忙一场，不

得不重新返工。

接下来还是以"做饭"为例进行说明。

培训的时候，我经常这样问我的学员："如果有人让你做一份咖喱，你会做什么样的咖喱呢？"

多数学员往往这样回答："我会做一份普通的咖喱。"那么，对于你来说，所谓"普通的咖喱"又是什么呢？

因为咖喱有很多种。有日式咖喱、印度咖喱、泰式咖喱，还有欧美咖喱，种类繁多。在口味方面，有甜辣、中辣、特辣，等等。搭配的食材也多种多样，可根据喜好选择猪肉、牛肉、鸡肉、海鲜、青菜，等等。咖喱还有各种不同的做法，可以用咖喱粉、咖喱酱，也可以直接用香料熬制。

曾有一名学员回答说要做新加坡咖喱。当然，他是日本人，但是对于他来说，他意识中的普通咖喱却是新加坡咖喱。

说实话，我是第一次听说还有新加坡咖喱呢。如果我让他做一份普通的咖喱，他真给我端上一碗新加坡咖喱，我的反应一定非常惊讶。你看，同样是"做一份普通的咖喱"，做出来的咖喱却是各式各样的。

但是，当被要求做一份咖喱时，大多数人都是不会提前确认需要做什么样的咖喱的，而往往是按照自己的理解直接动手开始做。那么，结果可想而知，好不容易做出来的咖喱，很可能会因为"没有海鲜""太辣了我吃不了"等理由被要求重新再做。再或者，其实根本不需要花时间用香料熬制，直接用半成品咖喱块做就好了，如果你还花时间用香料熬制，你就做了无用功，白白浪费了很多时间。

## 必须与交代工作的人确认清楚

企划案也同理。

同样是企划案，每个人的认识也是不一样的。

企划案是用于演示和提案的吗？是用A3纸还是用A4纸呈现？需要文字、图表相结合，还是只用文字？需要对过去的情况进行回顾，还是只需要说明目前的状况？目的不同，企划案的内容和形式也会大相径庭。此外，还有版式、展示方式、完成度等方面的区别，其种类要远比咖喱多得多。

如果不事前确认清楚，或者未加考虑就按照自己平常的方法去做，几乎无可避免地会发生需要修改的情况，甚至可能到头来做了一堆无用功。

费了很大力气好不容易做完工作，但如果把要产出什么样的工作成果都弄错了的话，岂不是白费功夫？你提交工作成果后每每被上司要求重做，其根源便在于此。还有无法打动客户，得不到相关人员的配合，活动开展不顺畅，很多挫败都是因为你弄错了需要提供的工作成果造成的。

你认为的"普通的咖喱"，你认为的"跟平常一样的企划案"……未必就是别人想要的"普通"和"平常"。

对于工作成果，每个人的理解肯定也是不一样的。

你需要与交代工作的人确认清楚你要完成的这项工作的目的，以及需要怎样去完成并呈现什么样的工作成果，确认清楚之后再开始着手处理，会事半功倍。

这是你杜绝工作中出现"返工"和"无用功"的第一步。

## 工作目的和工作目标是不同的

你是否能够清楚地说出工作目的和工作目标的区别？

是不是发现自己把工作目的和工作目标混为一谈了？

目的，是指最终要实现的方针、方向或宗旨，最终要达成的结果。

你可以想一想，你的工作成果是将要汇报给谁，对方希望工作最终达到或实现一种什么样的状态，这就是工作的目的。

简单地说，你所做的工作到底是为了什么，这就是工作的目的。

还是回到刚刚所列举的做咖喱和企划案的例子。

在做咖喱的例子中，你的目的是"希望客人满意而归，下次再来"或者"为了家人的幸福健康"，等等。

在做企划案的例子中，你的目的是"能与客户签订合同""获得部长的批准和签字""增加客户"，等等。

而目标，是指要达到工作目的而必须具备的状态或具体性的指标。比如，对于"变得健康"这个目的来说，其目标就是"体重多少千克""体脂率百分之几""血压控制在多少以下"，诸如此类。对于工作来说，"本月销售目标1亿日元""活动集客人数达到1000人"等才是目标。

如果你把工作目标和工作目的的概念混为一谈的话，可能就会产出错误的工作成果。

所以，你一定要想清楚你所做的工作到底是为了什么，也就是找到你工作的真正目的。

## 工作成果不完善的人，有哪些共同点

拿出的工作成果总是不够完善的人，往往会犯一些相似的错误。

比如，提案的时候，会被人指出"专业术语看不懂""希望对事情的经过进行说明""字体太小看不清"，等等。

之所以会产生这样的问题，是由于制作提案书的人没有充分考虑提案书的汇报对象是谁。

这是工作中总是出错和返工的人经常犯的毛病。

**他们没有考虑自己的工作成果是汇报给谁的，而只是按照自己认为最适合的方式来完成工作。**

如果把自己行业和自己公司内才使用的专业术语，原封不动地呈现给其他行业和其他公司的人，这些人肯定是无法理解的。

丰田公司内部也有很多专业术语，比如英文缩写词"TBP[1]""JKK[2]""OJD[3]""PSM[4]"，缩写词"大改款""小改款""分支机构""品番[5]"等，简直不胜枚举。

确实，专业术语和缩写词用起来特别方便。但一旦用习

---

1  TBP，Toyota Business Practice，指丰田式的解决问题的方法。——译者注
2  JKK，指"自工序完结"以日语发音"Ji kotei-kan ketsu"的罗马字首字母略称。——译者注
3  OJD，On the Job Development，指丰田的人才培养方法，在工作中培养人才。——译者注
4  PSM，Process Safety Management，过程安全管理。——译者注
5  品番，一般指某种商品的生产编号。——译者注

惯了，在别的场合，你也会不知不觉地使用这些词语。

但是，你必须要考虑你所做的工作到底是汇报和展示给谁的，如果是其他行业或其他公司的人，便绝不能使用只有自己公司才用的专业术语。

## 工作总是出错的人，经常容易忘记什么

我入职丰田公司后的第二年，第一次参加了面向公司高层的汇报工作。在上司和职场前辈的指导下，汇报材料几经修改，我自认为已经达到非常完美的状态了。而且，我还将汇报内容写在草稿纸上，练习了很多次。

我自认为已经做好了万全准备，但是在给公司高层汇报的时候，还是被指出在汇报材料里所用的缩略词太多，希望我今后尽量少用。

我无论如何也没有想到，公司高层会就如此细微的地方提出修改建议。

这次我汇报的对象是人事部门的高管，想当然地以为他是知道这些缩略词的意思的。但其实，高管日常工作极其繁杂，根本不可能记得每一个缩略词的意思。

准备资料的时候我完全没有意识到这个问题。所以在我汇报的时候，高管们会不时打断，询问我某个缩略词的意思。

**"谁来听取你的工作汇报？"**

如果我提前想到这一点，就完全可以避免汇报时的尴尬。所以这件事给我留下的印象特别深刻，同时我也做了深刻的反思。

即便是同一个部门或同一个小组，你和你的上司所知道的信息也是不尽相同的。你的上司或许比你知识丰富、视野开阔，但作为一项工作的主要负责人，你对于这项工作的认识更加深入，所掌握的信息也比你的上司多。

所以，如果你不说明事情的经过就直接开始汇报，那么你的上司可能会说："请先说明一下这件事情的原委。"

出现这种情况的关键原因在于，你和汇报对象所掌握的**"前提信息"**存在差别。

你要确保你和汇报对象所掌握的前提信息是一致的。这样一来，在汇报说明的时候，才不致因为前提信息不一致而出现对方无法理解的情况。

我自己也碰到过类似的情况。一个职场后辈有一天问我："某某先生告诉我，他的上司也会出席下次的保全会议，那么我可以拜托组长一起参加吗？"

而我根本不知道"某某先生是谁"，也不知道"保全会议都有谁参加"。所以，我不得不先向这个职场后辈确认清楚基本信息后，再回答他的问题。

由此可见，不仅是汇报资料和提出方案的时候，就连同事之间日常对话时，你也要想清楚面向的对象是谁。对象不同，说话的内容和方式也会不一样。

还有一个容易犯的初级错误。如果你的上司是上了年纪的人，在汇报资料里需要列举详细数据的时候，一定要把数字的字号调大，否则上了年纪的人会看不清楚。

如果上司指出你写的数字太小看不清，其原因就在于你没考虑到你的汇报对象是谁。

所以，如果你充分考虑了工作成果的汇报对象，并且也充分考虑了对方的基本情况以及对方所知道的前提信息，那么你工作出错的可能性就会大幅降低。

## 最好的，就一定是最正确的吗

在这里，我先问一个问题："你是不是认为应该追求最好的工作成果？"你可能会回答："那当然，谁不想要最好的！"但是，最好的，就一定是最正确的吗？

如果以"丰田高效工作法"的标准来回答，我可以肯定地告诉你"不是"。那么，是不是最简洁的就是最正确的呢？也不是。

到底什么样的工作成果才是正确的呢？

符合预算、交期、完成度三方面需求的"最佳成果"，才是最正确的。

**即不求"最好"，只求"最佳"。**

考虑工作成果的时候，一定有前提条件。这些前提条件，就是预算、交期、完成度方面的要求。前提条件不同，工作成果也不一样。

以丰田公司品牌的汽车为例，如果要求最好，那肯定是雷克萨斯的旗舰轿车LS系列和旗舰轿跑LC系列。但是，对于预算只有150万日元的客户来说，雷克萨斯明显不是他的最佳选择，可能丰田威驰[1]才是适合他的。

以咖喱为例，如果说最好的咖喱，肯定是熬制多时、用料丰富的高级咖喱。但是对于想立即吃到的人来说，必须等上好几天的高级咖喱并不是他想要的。

不管你用了多么高级的食材，也不管你做得多么美味，对于腹内空空、饥饿难耐的人来说，都比不上一份立马就能

---

1　威驰，丰田专门为亚洲市场设计开发的入门级家用车型。——译者注

吃的咖喱。

总之，符合预算、交期、完成度三方面要求的工作成果，才是你的客户或上司真正需要的。

## "追求最好"的弊端

你有过这样的经历吗？上司安排你负责一项工作，因为没有提前向上司确认清楚其对于工作成果的要求，当你拿着精心准备的材料给上司看的时候，他却说"不需要这么细致，简单点就好"或者"我只稍微参考一下"，这时你会不会感到特别沮丧。

是的，这就是做了无用功的典型例子。你心里肯定不高兴，你会想："你早说啊，早说清楚我就不用这么费劲了。"但是，一般来说，交代工作的人不一定什么都说得清清楚楚，面面俱到。

这时候，需要你自己主动确认。提前向对方确认清楚他的预算、要求、希望的交期，可以确保你们之间的认识没有任何偏差，从而可以有效避免做无用功。

如果对方预算充足、时间充裕，则又另当别论。但预算和时间往往都是有限的。如果你一味地追求最好，那么肯定会花费更多时间，可能会因此导致没有精力处理其他工作，进而给同事和其他人增添麻烦。

所以，提前确认预算、交期、完成度等方面的要求，然后选择合适的方案才是最佳的选择。

如果你自己没办法确定合适的方案，可以与交代工作的人进行确认，或者向上司和相关人员进行确认。

补充说明一下，之所以追求"最佳"而非"最好"，还有其他理由。如果已经是最好的，也就意味着未来再没有进一步改善空间了。

所以，丰田公司才会一直提倡"不求最好，只求更好"。因为如果已经是最好，也就意味着丧失了成长空间。但如果是更好，那么说明还有进一步发展和成长的可能，未来还可以不断地精进和改善。

## 工作成果的关键要点

明确了工作的目的、工作成果的汇报对象、预算、交期、完成度等前提信息之后，接下来应该探讨具体的工作成果了。

　　此时最为关键的一点就是，**工作成果要尽量具体。作为辅助手段，你可以准备一张纸，**把要完成的工作成果的具体内容写下来。

　　很多人一听到"工作成果要具体"的话，最多不过是在自己的大脑中想一遍。但是，如果只在大脑里想，只能得到一个粗略的印象，无法具体到细节。如果不具体到细节，今后实际推进工作的时候，许多步骤还是会很模糊。

　　如果在纸上写出来，那么工作细节便清晰可见了。实际上，你脑海中产生的印象和最终落到纸上的内容，会有大的差别。当你具体写下来的时候，就会发现"哎呀，这里内容不够充分""这里是不是这样做更好"；同时在书写过程中，你还可以不断调整和精炼自己的思路，如果仅仅在大脑中思索是不可能有这个效果的。

　　另外，**将大脑中思考的内容具体写到纸上，所能产生的作用和效果，从脑科学的角度也可以得到验证。**

　　在书写的过程中，大脑的活动也会随双手的活动变得更加活跃。同时，写出来的文字，会映入眼帘，形成视觉影像，视觉成像的过程也会进一步提高强大脑的活跃度，进而帮助我们产生更多思路和想法。请大家务必多多加以利用。

# 工作成果有两种

那么，要怎么写到纸上呢？

首先，作为大前提，工作成果有两种：有形的工作成果和无形的工作成果。

有形的工作成果，指企划方案、演示资料，或者车辆、食物等，工作完成后能够直接看到的东西。

无形的工作成果，指会议、服务、销售、汇报、旅行等无法直接看到的东西。

接下来用一些实际例子加以说明。

## ① 有形的工作成果

有形的工作成果是指，工作结束后产出的成果，可以用眼睛看见，用手触摸得到。

如果把大脑中思考的内容用清单表示出来，**有形的工作成果就会非常明确，一目了然**。这就好比，蛋糕店制作蛋糕的成品效果图或服装设计师绘制服装设计图等。比如，前些日子我受邀在一场大型展会现场做展出。于是，事前准备的时候，我根据展览现场的大致情况绘制了一张清单（如表2-1所示）。

## 表 2-1　大型研讨会展台概要清单

目的

收取"工作方法改善研讨会"的试听申请

工作成果的展示对象

来场客户

预算　　　　　　　　　　　　　希望的完成度

20000 日元　　　　　　　　　　　100%

交货期

8/4（印刷物料必须在 8/3 之前送达）

工作成果

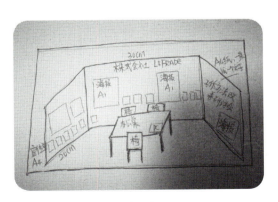

可以手绘，也可以使用相似案例的写真或图片。
不必追求美观漂亮，但尽可能写得详细具体。

画图时粗略手写即可，潦草一些也无所谓。但如果涉及接下来要准备的具体事项，比如展架的尺寸、桌布的大小等，就需要尽量详细地写出来。如你所见，我画的这张图谈不上多么美观，你自己画图时也没有必要特别追求清楚精致，把你想要表达的具体内容写清楚即可。但是，一定要尽量详细全面。如果这时候你漏掉了一些事项，那么在接下来的每一个步骤都可能随之出现疏漏。

如果之前做过类似的工作，有相近的案例，那么直接把之前已完成的工作成果拍照使用即可。通过照片，可以明白具体的细节是什么。做饭也是如此，如果你看到一张已经做好的菜品照片，马上就能知道做这个菜大概需要什么食材，需要怎样的步骤。如果没有见到效果图或照片，你可能无法想象出到底应该做成什么样子。

如图2-1所示，这是在制作企划案前，手绘的工作成果概要图。

写企划案之前，先做一份工作成果概要图，概要图做好后就可以打开电脑开始工作了。

如果企划案仅仅停留在大脑里，只有一个模糊的构想，那么你很难形成清晰的脉络，也没办法形成整体印象。

另外，如果你大脑里存储的是碎片化的零散信息，这些信息很难形成前后关联的整体。通过做概要图的方式，可以

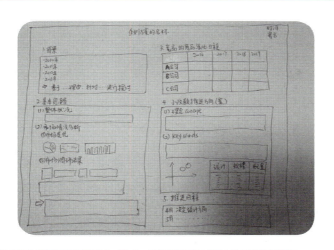

把必要的项目和要素写出来，形成一份能体现工作成果大致样貌的概要图。
没必要把具体的文字内容写出来。可以在绘制概要图的同时，思考方案的逻辑顺序。

**图 2-1 制作企划方案前手绘的工作成果概要图**

**把零散的信息整理出来，最终串联成前后关联的整体。**

　　虽然在做概要图阶段，没必要写上特别详细的文字，但是在工作成果中需要体现哪些基本信息，应该按照什么顺序和逻辑来展开，这些要点需要在做工作成果概要图阶段进行探讨，并把探讨的结果写在概要图上。

　　我自己喜欢**手写，一边写一边修正**，很方便。做概要图的时候，没必要写得特别美观，只要与你一起工作的相关人员能看懂就可以了。

需要花时间的地方，不在于把工作成果概要图做得美观精致，而是要把重要的时间花在探讨如何实现和完成工作成果上。

### ② 无形的工作成果

无形的工作成果，没办法画出概要图，只需要把要做的工作内容（如会议议题、服务内容等）和所要花费的时间等关键信息做成工作成果概要说明即可。

无形的工作成果应该从"达到工作目的所必需的信息"出发进行探讨。

比如，如果你负责的某项工作的最终目的是"与客户签订合同"，那么在开会的时候，你应该说些什么？不仅包括自己公司以往的业绩、与其他公司的不同点、要收取的费用、你的推进计划等基本信息，还有必要把客户最在意的地方以及最重要的内容进行重点说明。在事前讨论阶段，你可以做出概要说明（如表2-2所示），把你们讨论到的事项一条条罗列出来，写到你的概要说明上。

可能你手里已经有经常使用的演示资料模版，但是在向客户进行展示前，还是需要根据客户的需求进行必要的修改。不要认为既有的资料已经使用过多次就没必要再做任何

## 表2-2　会议讨论项目概要说明

目的

> 与A公司签订合同

工作成果的展示对象

> A公司　○○部长　△△课长

预算

> 0日元

希望的完成度

> 100%

交货期

> 8/20

工作成果

| 会议 | 8/20 | 14:00—15:00 | |
| --- | --- | --- | --- |
| 出席人员 | A公司 | ○○部长 | △△课长 |
| | 我公司 | □□部长 | ☆☆课长 |
| 地点 | 201访客接待室 | | |
| 讨论事项 | 以往的业绩 | 8分钟 | |
| | 与其他公司的不同 | 9分钟 | |
| | 费用 | 3分钟 | |
| | 方案内容 | 10分钟 | |
| | 对A公司的有利之处 | 20分钟 | |
| | 不利之处 | | |

总之，要根据工作的目的和工作成果的展示对象，来完成工作成果概要。
与工作目的无关的信息则不必写入。

修改了。一定要根据工作的目的和工作成果的展示对象，进行必要的调整。

以我自己为例，同样是效率提升讲座和培训，同样是由我亲自负责，面向企业经营者和面向新入职员工时，所讲的内容也绝对是不同的。

因为两者的目的不同。

面向企业经营者，我会主讲"公司业务流程的改善方法""业务手册的制作方法""经营问题的解决方案""时间管理方法""如何打造利于业务改善的职场环境"等内容。

面向新入职员工，我会主讲"资料的制作方法""工作的推进方法""提案能力的提升方法"等内容。

虽然我也很想把我所知道的所有的内容都传授给他们，但是对于以提高公司业务效率为目的的企业经营者来说，根本没必要了解具体资料的制作方法。讲座和培训的时间有限，与其花时间在不必要的内容上，还不如在他们最需要的方面多花时间，把内容讲透彻，更有利于达到培训的目的。

确实，很多人做资料的时候，喜欢把自己知道的全部信息都堆砌到资料中，但如果多余信息太多，反而会淹没你最想表达的内容。从最终的目的来看，你所堆砌的这些无用信息，不过是在浪费自己的时间和精力罢了。

所以，一定要围绕你做这个工作的目的，去探讨你需要完成的工作成果是什么。

接下来，再看另外一个案例。比如，你即将出差。那么出差前需要整理的内容，便是出差行程表（如表2-3所示）。如果你出差的目的是对新产品的市场状况进行调研，那么你应该考虑你出差的过程中需要做什么。

你可能需要提前考虑清楚使用哪些方法实现市场调研的目的，比如通过访问经销商去了解客户的真实想法，或者召集部分目标客户进行面对面访谈，或者进行实地考察，亲自了解客户使用新产品的状况，等等。并以此规划自己的出行路线，确定采用哪种交通工具，明确各个环节所需要花费的时间。

还有，预算也是非常重要的一点，在事前做计划的时候，务必考虑好预算这个因素。比如，本来你打算召集目标客户进行面对面访谈，但如果预算有限，根本做不了面对面访谈，那么你就必须改变调查方法，比如利用互联网进行在线问卷调查、街头随机调查，或者减少面对面访谈的人数。

所以，不管是有形的工作成果，还是无形的工作成果，在工作开始之初，你就要尽可能具体地把与工作成果有关的重要事项写在工作成果概要图或概要说明上。

如果你只是在大脑中构思，是没办法做到条理清楚、内容全面的，只有把这些内容落实到纸上，你才能清楚地了解

## 表2-3 新商品市场调研出差行程表

| 出差行程表 | | | | | | | | |
|---|---|---|---|---|---|---|---|---|
| 开始时间 | 结束时间 | 时长 | 实施事项 | 地点/手段 | 参加人员 | | | 备注 |
| | | | | | 佐藤部长 | 高桥课长 | 山田 | |
| 8:00 | 10:00 | 2:00 | 移动至东京 | 集合地点为东京站八重洲 | ○ | ○ | ○ | 新干线车票自行购买 |
| 10:00 | 10:30 | 0:30 | 移动至○○经销店 | ○○经销店加藤先生前来接站 | ○ | ○ | ○ | |
| 10:30 | 12:00 | 1:30 | 经销店访谈 | ○○经销店内 | ○ | ○ | ○ | 出席人员为铃木总经理、伊藤销售经理 |
| 12:00 | 13:00 | 1:00 | 周边午餐 | ○○荞麦面（已预定） | ○ | ○ | ○ | |
| 13:00 | 13:30 | 0:30 | 移动至客户访谈地点 | 乘电车 | ○ | ○ | ○ | |
| 13:30 | 15:30 | 2:00 | 客户访谈 | △△经销店 | ○ | ○ | ○ | 客户名录请参考附件资料。经销店总经理和销售经理出席 |
| 15:30 | 17:00 | 1:30 | 经销店访谈 | △△经销店 | ○ | ○ | ○ | 工藤总经理、齐藤销售经理 |
| 17:00 | 17:30 | 0:30 | 移动至东京站 | △△经销店送站 | ○ | ○ | ○ | |
| 17:30 | 19:30 | 2:00 | 返程 | 新干线车票预定中 | ○ | ○ | ○ | |

在上述案例中，与达成"新商品市场调研"这一目的相关的所有事项，均需填写。
包括花费时间及交通方式，均需明确。

自己要做的工作是什么，也才能从中发现还有哪些内容不够
明确。

只有在纸上写一写，与工作成果有关的重要事项才会变得
具体。

## 检查工作成果的最强工具

"我要写得具体而明确"，话虽这么说，但很多时候，单
靠你自己很难判断是否还有不清晰的地方。

我准备了一份检查表（如表2-4所示），请大家务必参考
使用。这张检查表，可以帮助你客观判断工作成果是否足够
清晰，是否可以帮助你达成最终的工作目的。

按照检查表的内容，一项一项仔细确认，对于不足的地
方，可以做进一步修改。

## 表 2-4　检查表

| 第一步 工作成果概要 检查表 | | 检查 |
|---|---|---|
| 是否已经考虑工作成果的呈现对象？ | | |
| 错误做法 | 误把中途确认的负责人当成了工作成果的汇报对象 | |
| 工作成果能否帮助你达成最终的工作目的？ | | |
| 错误做法 | 机械地应对，以曾经做过为由直接沿用过去的工作成果而不重新加以审视 | |
| 工作成果是否做得过于精致？ | | |
| 错误做法 | 花费了很多不必要的时间和费用 | |
| 能量化的项目，是否已经用具体的数值表示？ | | |
| 错误做法 | 成本和时间等可以量化的项目，还不够明确 | |
| 是否已经向客户和自己的上司确认过工作成果概要图或概要说明有无不足之处？ | | |
| 错误做法 | 曾经完成过同样的工作成果，并已经做过确认，所以本次没必要再次确认 | |
| 有形的工作成果，以图片形式呈现；无形的工作成果，以说明形式呈现 | | |
| 错误做法 | 工作成果概要图或概要说明还不够清晰。认为尚不清晰的内容，在推进工作过程中自然就明白了 | |
| 有没有可以用以往的工作资料代替的部分？ | | |
| 错误做法 | 没有确认别人是否已经做过同样的工作。自己又重新做了一遍 | |

利用检查表，可以确认"与工作成果相关的事项是否已经梳理清晰"，还可以确认"是否可以帮助达成最终的工作目的"。

## 90%的人会弄错要产出的工作成果是什么

与客户讨论工作成果的时候，以及检查培训学员的工作成果的时候，我注意到一个频繁出现的问题，那就是"对工作成果进行修改或大幅变更"。如果把细微修改之处也算上，这个概率差不多能达到100%。而且发生的概率在90%以上。

并且，直到我指出这个问题时，他们才纷纷恍然大悟，有的震惊于自己此前竟从未意识到这一点，有的对既往工作中的不足追悔不已，还有的为能在新工作开始前及时发现这一点而欣喜雀跃。

很多人会被自己的固有认知和以前做过的类似工作所误导。

比如，做商品改善方案的时候，有的人会被惯常思维所束缚，认为提高销量必须产品质量过硬才行，进而只顾在改进产品上绞尽脑汁。做会议方案的时候，有的人会根据以往的经验，想当然地以为直接使用以前的会议资料即可，然后真的就直接沿用而不做任何修改。

如果从最终的工作目的来看，他所产出的工作成果是不全面的，甚至可以说跟自己要达成的工作目的完全不匹配。正因如此，有的人经常做无用功，本来辛辛苦苦完成了工作，却发现对达成工作的最终目的没有任何帮助。

"我以前就是这么做的，就这样好了"，这样的想法其实大错特错。

## 检查工作成果是否正确的两个办法

那么，到底怎么做，才能完成正确的工作成果？

诀窍就是，画出草图后，务必弄清楚这样得到的工作成果是否能帮助你达成最终的工作目的。同时你必须对照工作的最终目的，检查你完成的工作成果是否包含多余的、不必要的内容。只要做到这两点，就可以做出正确的工作成果。

在这里，我给大家介绍一些实际案例，帮助大家来理解。

第一个案例与我指导过的房地产行业的一家公司有关。

这家公司要求每月末要制作月度销售报表，旨在找出当月销售业务中的不足并加以改善，以促进下月销售业绩的达成。这原本是一项非常不错的安排，每月的反省和改善，确实有助于下个月的业绩提升。

但是，从他们给我展示的月度销售报表来看，其中虽然对销售数据和销售状况进行了详细的说明，却漏掉了最为重要的对不足之处的分析和改善对策，比如"哪里做得不好""今后的对策是什么"。所以，结果就是，店长每个月辛辛苦苦制作的报表，却发挥不了任何作用，没有任何改善效果。

于是，我建议他们在月度销售报表中，添加当月的来店客户分析、反省点、今后的对策，等等。

接下来让我们回到上文曾提到过的参展案例，看一看如何根据自己的工作目的来确定某些事项是否必要。

比如，其他参展商会给来自己展台的客户赠送瓶装矿泉水，那么我们也应该准备瓶装矿泉水吗？其实，这家参展商参展的目的，是为了吸引更多潜在客户，获取客户的基本信息，所以他们在展览现场利用瓶装矿泉水来达到吸引更多客户到展台参观的目的。而我们公司参展的目的，是为了吸引那些"迫切希望提高公司工作效率和减少浪费"的高意向客户。所以，那些为了得到瓶装矿泉水而来展台的客户，并不是我们的目标客户。他们并没有提高公司工作效率的需求。我们两家公司吸引客户的目的是完全不同的。

最终讨论的结果是，我们并没有采用赠送瓶装矿泉水的办法来吸引客户。

所以，如果总是抱着"去年这么做过""平常也是这么做的""其他公司也这么做"之类的想法，其结果往往是，你做出来的工作成果可能不足以支撑你实现工作的目的，或者你做出来的工作成果可能根本没有任何作用。这绝对是时间和精力的浪费。

如果回过头去重新审视，运用正确的方法，你一定可以大幅缩短工作时间，减少精力的浪费。最终工作效率的提升程度绝对会让你大吃一惊。

在考虑工作成果的时候，不要轻易下结论，一定要从最终的工作目的出发。

## 采取与上次相同的做法，会阻碍改善

我自己也曾犯过同样的错误。

在丰田公司负责人才培养工作的时候，我曾因轻易下结论而被公司高层批评。当时，丰田公司需要召集全世界各个分公司的人才培养工作负责人举行一次研修会议，而我负责会议的运营。

整个会议预计将持续好几天，除了会议本身的运营，为了让会议更加充实、更加有意义，我特意在会议计划中加入了去丰田博物馆和工厂参观学习的内容，希望能让各位远道而来的参会者能够切实感受丰田公司的历史和文化。

　　为此，我特意做了详细的工作计划，和上司一同向人力资源部门的高层进行汇报。在汇报过程中，我解释说："上次培训会议日程里，安排了去工厂参观学习的事项，这一次我打算也安排参会人员到工厂参观学习。"

　　听了我的汇报，高层领导是这么说的，"不好意思，你可能觉得我是抠字眼，钻牛角尖。但是，上次会议安排了到工厂参观学习，不能成为这次也作同样安排的理由。你要想一想，你是为了什么目的做这件事。为了达到工作目的，是安排到工厂参观学习好，还是安排其他内容好？"

　　高层领导的话深深触动了我。我惭愧不已，并把这次教训深刻记在了心里面。

　　从那以后，不管是在日常工作中，还是为客户提供咨询和业务指导时，我永远都不会忘记两件事情：一个是"不要轻易下结论"，另一个是"要经常确认工作的目的是什么"。

　　即便客户说"以前就这样做，没有出现任何问题"，我也会建议他们"如果把这里改善一下，可以进一步提高效率""如果把这里调整一下，有助于提升销量"，等等。

　　问一问自己，你所完成的工作成果是否是正确的？

　　如果以前你从来没有对工作成果做过修改，那么一定要尝试着重新审视一下，说不定还有很多可以改善的地方呢！

## 这项工作成果，真的是必要的吗

还有一项内容需要自己确认清楚。当工作成果明确后，接下来就需要确认这项内容了。

那就是"这项工作成果，真的是必要的吗？"你可能会觉得，"正是因为觉得有必要才做的，怎么还要问有没有必要？"

但是，通过再次确认，你会发现可能部分内容在以前的工作中已经做过类似的，或者部分内容可以用别的工作成果代替。通过不断地调整，可以大幅提高工作效率。

也就是说，如果有可以代替的办法，或者可以沿用的内容，那么你的整个工作或者其中部分内容可能就没必要做了，可以为你省下很多时间和精力，效率也会大幅提升。

我在负责雷克萨斯的商品企划工作时，曾遇到过这样一件事情。

当时，我需要制作一份数据表，表中需要呈现包括竞品[1]在内的各个车型的用户特征，比如性别、年龄、收入、购车时的关注点和考虑因素等。一般来说，这样的基础数据，都是由助理进行统计和整理的。

---

1　竞品，指商品同类竞争品种。——译者注

　　我把需要的数据内容和表格的样式告诉了我的助理。当时恰好另一个车型的助理听到了我的话，随即告诉我，他们负责的车型曾做过类似的数据表。我看了他的数据表，果然，我想要的数据和内容一应俱全。

　　只是因为这个助理的一句话，我和我的助理便省去了从零开始制作数据表的工夫。

　　类似的情形不只这一次。

　　在丰田公司，无论是小改款车型，还是大改款车型，都要求制作全球销售评价报告书。

　　我刚轮岗到商品企划岗位时，就一直在想全球销售评价报告书里到底要呈现什么内容。我把想到的内容和思路整理成提纲，并粗略地写了一份评价报告的概要。拿着提纲和概要跟上司进行汇报的时候，上司告诉我，"雷克萨斯日本营业部一直在做销售评价报告，你可以找来参考参考，说不定有可以借鉴的内容"。我找到报告书一看，发现我想要呈现的内容，这份报告书里基本上都有。

　　这样一来，我就不用从头开始制作新的报告，而是直接以日本国内营业部的销售评价报告书为基础，进行适当修改和补充，就完成了报告书上日本国内部分的内容了。本来需要花费一天以上的时间才能完成的工作，结果只用了两个小时。

所以，**如果有可以直接沿用或代替的内容，就能大幅提升工作效率**。上面两件事就是非常典型的案例。

因此，当你完成工作成果的概要后，务必回过头去重新想一想，概要中罗列的内容是不是真的有必要去做？一定要与自己的同事或上司商量确认，看看有没有可以代替或者沿用的内容，可能你认为必须要做的东西，反而不需要花时间去做了呢！

## 一个可以让你安心的简单办法

仅仅把工作成果概要图或概要说明做出来，还不能判断是不是正确，这仅仅是你自以为正确的工作成果概要。如果以此直接着手工作，还是会很不安心。

一个简单的办法，可以消除这种不安。那就是，**与交代工作的人或上司进行确认**。这个简单的方法，可以帮助你减少错误。经过确认，就好比在你的工作成果概要图或概要说明上盖下了一个"正确"的印章。之所以发生"返工"和"无用功"的状况，往往是因为没有在这个时间点提前和自己的上司或客户确认清楚。

还是以做咖喱为例进行说明。你认为合适的咖喱口味可能是中辣的，但实际上交代工作的人所希望的口味却是海鲜的。如果做咖喱之前与之确认清楚，就能及早发现你们理解不一致之处。

做报告书也是同样的道理。可能你的理解是，用Word[1]写一份文字报告，但你的上司却认为应该用PPT[2]，并需要放很多图片。如果你提前与上司确认清楚，就能发现你们之间的认知偏差，不至于等你资料做好了才被指出文字太多、图片不够。

做好工作成果概要后，提前与交代给你工作的人进行确认，就可以在实际开始工作之前，消除彼此之间的理解偏差。这样做不仅可以避免因理解不一致而导致的"返工"和"无用功"，还可以从交代给你工作的人那里得到一些实用的建议，提高内容的完成质量。而且，可能还可以从交代给你工作的人那里拿到以前做过的类似资料作为参考，甚至可以直接沿用。还可能获得一些仅凭你自己根本无法得到的新信息。

所以，务必要向交代工作的人或上司确认工作成果。

---

1　Word，一款文字处理软件。——译者注
2　PPT，全称PowerPoint，一款演示文稿软件。——译者注

通过这样一个简单的办法，就可以在开始工作之前消除隐患，帮助你自信满满地开展工作。如果时间凑巧，可能只需要15分钟就可以完成确认。但即便是这么简单的方法，很多人却不愿尝试，因而不得不花上更多时间去修改因确认不足而导致的错误。

这样的修改，真的是一种无用功，还会影响你的心情。所以，一定要尽量防患于未然，避免无用功，把自己有限的时间和精力花在更重要的地方。

## 如何给别人交代工作

曾经，培训班的学员向我问了这样一个问题。

"麻烦别人做某项工作的时候，如果自己还没想清楚需要完成什么样的工作成果，该怎么给别人提要求呢？"

如果你是委托方，还没想清楚这项工作怎么做，或者在没有看到实际产出物之前没办法判断的话，那么请你不要要求你的下属或后辈100%完整地完成你交代的工作。

因为你自己都还没有清晰的思路和明确的要求，那么你的下属和后辈能100%完成你想要的工作成果的可能性非常低。

而且，对于你的下属和后辈来说，如果你只是给他一个模糊的指示，那么你想要的成果到底是什么，他揣测和判断起来也是很难的。

此时，如果你要求他100%完成你想要的工作成果，即使你的下属和后辈用尽心力花费很多时间和精力去做，最后可能还是不得不修改和返工。这样的话，你的下属和后辈所付出的努力得不到应有的回应，工作积极性和工作热情也会受到很大的影响。

你可以降低你的要求，比如差不多完成30%~50%就可以了。你不妨对你的下属和后辈明说，表明你还没有想清楚，请他先做一个粗略的草案给你，你会根据草案，再进一步思考接下来怎么做。

草案做出来以后，你们可以再一起讨论，进一步梳理，最终100%完成你想要的工作成果。这样可以避免让实际负责工作的人反复修改，进而大幅提高工作效率。

明天开始
行动吧！

将工作目的和工作成果的概要明确写在纸上，向交代工作的
人或上司提前进行确认

**1** 开始工作之前，先与交代工作的人确认清楚工作目的是什么。"我想跟您确认一下这项工作的目的是什么？"这样简单的一句话就可以了。

**2** 然后，结合工作的目的、工作成果的汇报对象、预算、交期、完成度等因素，制作工作成果概要图或概要说明。

把工作成果的概要写在纸上，手写即可。即使画画技术不好，如果是有形的工作成果，也一定要把工作成果概要图画出来。

如果是无形的成果，请把工作成果概要说明写在纸上。

不需要美观漂亮，重要的是尽量详细和具体。

**3** 最后，按照下列方法，对完成的工作成果概要图或概要说明进行确认。

◎能达到工作的目的吗？概要上所写的内容与工作的最终目的匹配吗？

◎概要的内容，写得详细具体吗？

从确认工作成果的概要开始，明天就行动起来吧！

这一步熟练之后，再尝试着对步骤1中提到的其他注意事项和需要考虑的要点进行实践。

 **根据工作具体事项制订工作计划**

## 是否从"能想到的地方"开始着手工作

与旅行出发前要确认好到达目的地的路线一样，开始工作前也要制定好工作流程并制订好工作计划。

因工作出错总是加班而烦恼的很多人，正是因为他们忽视了这个重要环节，自己大脑中浮现出什么就开始做什么。他们往往会首先从自己能想到的地方开始做，或者从自己能做的内容开始做。

然而，这不是正确的做法。就好比旅行前根本没有做任何判断，看到眼前有一条路就盲目地出发，这样走下去，将是一段没有效率的旅程。

你应该先判断走哪条路，并确认这条路是不是到达目的地最高效的路径。也就是说，你要思考能完成工作的最高效的推进流程是什么。

## 制定最短工作流程的第一步

即使我们知道要制定最高效的工作流程，但往往还是不免被以往的做法束缚，以致继续采用和以前一样的方法。请先忘掉以往的做法和既有的流程，以从零开始的心态去面对新的工作。

制定最高效的工作流程的第一步，就是"把工作中要做的具体事项列出来制作成清单"。完成这项工作，到底需要做哪些事情呢？此时的清单，即使比较宽泛也没关系，尽量把你能想到的内容全部列举出来。

是的，没错，推进工作时不能想到哪儿做到哪儿。但是制作具体事项清单的时候，却是要求我们把能想到的事项全部列举出来。

随便想，不用考虑每个事项的先后顺序，先把能想到的事项全部列出来。每个事项有没有必要、怎么排序、有没有不足之处等，这些是后面再去考虑的问题。

还是以做咖喱为例。做咖喱，包括切菜、炒制、熬煮、调味等步骤。做企划案也同理，包括制作提纲、收集数据、制作草案、向上司汇报确认等事项或步骤。

你制作的具体事项清单里面，可能有些事项是宽泛粗略的，有些则是详细具体的，这些都没关系。**是否具备条理清晰的项目管理水平，在这个时点不是那么重要**。如果其中混杂了特别细致的具体事项也没关系，这些事项在步骤3中会拆分得更加详细。

越是做事认真的人，越是容易陷入诸事务求完美的怪圈。如果你的思路太过于严密，总是担心你所列的具体事项清单是不是准确，连最粗略的实施事项都要纠结的话，那么你就会在无意义的事情上浪费时间和精力。

这个阶段，请不要过度思考，只需要把你所能想到的具体事项全部列举出来即可。

## 不要被既有的流程所限制思路

可能有人会认为，最短最高效的工作流程终究只是理想状态而已，实际上很难达到。

还是以做咖喱为例。对于做咖喱来说，最短的工作流程就是切菜、炒制、熬煮、调味。但实际上，购买食材和做米饭也是必要的步骤。

如果按照惯常的经验来考虑工作流程，那么这些事项自然也都是必不可少的。

毕竟，如果不去买菜，就没办法切菜，对吧？如果不做米饭，只有咖喱酱，就没办法做成咖喱饭了，是吧？

但是，请稍等。

这里应该考虑的是，怎么做才能以最短的流程完成。即使从现实因素考虑比较难以实现，也不要轻易地采用既有的工作流程，一定要想办法，找到可以实现你的工作目的的最短路径。

还是以做咖喱为例进行说明。如果你选择在网上购买食材，那么你就省掉了去菜场购买的环节。如果你的家人和朋友正好要去菜场采购，你也可以拜托他们顺便捎回来。甚至，如果冰箱里有可以用的食材，那么连出门购买都不用了。

不要因为困难而放弃，不要因为困难而停下思考的脚步，稍微花些功夫，可能就能找到缩短路径的办法。

比如，做饭这件事。你可以不用开火，用微波炉加热或者吃剩饭都可以解决。

如果总是被之前的流程所束缚，那么你就不可能想到缩短流程的最佳办法。

当你在考虑最短工作流程的时候，如果发现某个环节的流程偏离了你的整体计划，就一定要想办法规避它，不要因为个别流程的偏离而影响你的工作效率。

有了这样的意识和思路，你制定的工作流程将更加高效。

## 工作中的具体事项，如何排序才能效率最高

还有一个简单易行但十分重要的方法，能够帮助你进一步提升效率。那就是，把你之前想到并列举出来的具体事项，按照效率最佳的原则进行排序。若能做到这一点，说明你是一个条理性和逻辑性都比较强的人。

对工作中的具体事项进行排序的时候，有两点非常重要。

① 如果没有事项A，事项B就无法进行。那么事项A就必须放在事项B的前面。

② 找找有没有可以同时进行的具体事项。

推进工作的时候，**必然会存在"没有事项A，事项B就无法进行"的情况**，你可以根据具体情况对你所列举的实施事项进行排序。同时，在排序的基础上，看看有没有可以同时进行的事项，这一点也非常重要。也就是说，一边对实施事项的先后顺序进行排序，**一边看有没有可以同时进行的事项。**

　　还是以做咖喱为例来说明。切菜之后是炒菜，因为只有菜切好了，才能炒，那么炒菜这一步，一定要在切菜之后才能进行。这时，切菜和炒菜的顺序是没办法颠倒和调整的。炒菜之后是熬煮，没有炒菜这一步，熬煮没办法进行，所以炒菜的顺序会在熬煮之前。

　　但是，你切菜的时候，可以同时炒已经切好了的菜。

　　也就是说，从做咖喱的顺序来看，先是切菜，然后是炒菜。但是在你切菜完成之前，可以同时开始炒已经切好的菜。

　　对于做咖喱这件简单的事情，你可能认为不用那么认真地去思考也能明白其流程是怎样的。但是，如果是初次接触某项工作，或者需要对既有流程进行修正，可能有的人会找不到头绪。

　　你可以从我刚刚介绍的两个办法出发，去思考如何对工作事项进行排序——如何排序能使工作进展得最顺利？如何排序工作效率才最高呢？

## 不提前安排好工作具体事项的推进顺序，会产生很多弊端

如果不提前安排好实施事项的推进顺序，可能会浪费很多时间。

比如，你需要往系统中录入一些数据，但是录入数据的操作需要提前在系统中进行申请，审批通过后才能录入数据，然而审批时间大约需要一个星期。如果你没有提前考虑一个星期的审批时间，会造成什么后果？

本来你是按照"信息收集""系统申请""数据录入"的顺序推进工作。当你的信息收集工作完成后，在你想要录入数据时，却发现你需要等待一个星期才能获得录入数据的权限。这样的话，原本计划立即进行的数据录入工作将被迫延迟一个星期。

如果你提前规划好，把"系统申请"放在"信息收集"之前进行，并预留出一个星期的审批时间，那么数据录入工作就可以避免遭遇延迟。

在丰田公司，这种只是在傻傻等待而完全不产生任何附加价值的行为被称作"无用功"。而在丰田的生产现场，则成功做到了最大限度地消除无用功和提高工作效率。

介绍到这里，你明白了具体事项的推进顺序对于提高工

作效率有多么重要了吧？

　　一般来说，"条理性差的人"在对具体事项排序的时候容易出错。所以，一定要提前把具体事项的顺序梳理好。


## 工作计划要从后往前倒推

　　具体事项的排序完成后，就应该决定每个事项的开始和完成时间了。也就是说，把具体事项的推进顺序以及各个事项的开始、完成时间落实到工作计划中。

　　做工作计划的时候，容易犯的错误是，按照工作中具体事项的推进顺序一项一项确定时间。也就是说，根据每个事项要花费的时间来制定整个工作计划。这其实是错误的做法。

　　正确的做法是，从最后一个事项开始往前倒推，也就是说从整个工作的截止日期开始倒推日程。

　　那为什么一定要从最后一个实施事项开始往前倒推呢？这是因为，如果你从最后一个事项开始往前倒推，就可以在确保不超过截止日期的前提下，去确定各个事项的开始和完成时间。

反过来说，如果你从第一项事项开始按顺序推算工作计划，推算到最后，可能会发现截止日期之前竟然不能完成所有的工作。

但是，如果从后往前倒推，就可以避免这种情况。

所以，从截止日期开始倒推，才是确定工作计划的正确方法。

## 倒推工作计划可以暴露问题

不过，倒推工作计划的时候，可能会遇到工作中的某个具体事项时间不够的情况。比如，本来需要一个星期才能完成的工作，在倒推的工作计划中，只能留出不到三天的时间。

这个时候，就需要从整个倒推的工作计划中找到可以压缩的时间。如果压缩时间也比较困难，那么可以按照以下思路尝试和相关人员商量。

"截止日期可不可以延长？"

"是不是可以降低对工作成果的要求？"

"可不可以增加人手？"

能预先想到这么多可能的解决方案，都要归功于从倒推的工作计划中发现了整体计划时间紧张的问题。相反，如果从第一项工作顺推时间，可能就不那么具有说服力。

通过倒推工作计划，我们可能会发现留给每项工作的实际可用时间比预期要少很多。发现了问题，才能提前与相关人员商量对策，规避工作不能按期完成的风险。

同时，通过工作计划表，还可以发现到底哪个事项有富余时间。如果有富余时间，我们可以按照工作优先度，将时间分配给其他事项。

尽管对工作中的具体事项进行了排序，但整体工作能不能按时完成，有没有超期的风险等问题，还是比较模糊。只有把整个工作计划表制作出来，上述问题才能明确。

## 除具体事项以外，还需要在工作计划中体现的内容

还有一项内容，希望添加到工作计划中，那就是在时间节点的设置上要"留出余地"。

哪怕只多留出一点点时间，到最后也可能会对你产生很大的帮助。因为谁也不知道未来会发生什么，人生如此，工作也是如此。比如，突然发生意外状况，身体抱恙需要请假，或者临时需要返工，等等。这时，要是有2~3天的富余

时间，就可以从容应对了。

如果工作计划里没有预留一些富余的时间，当意料之外的情况突然发生时，工作可能会被迫延期。

不预留时间的弊端还不止如此。如果卡着截止日期来制订工作计划，那么在推进过程中，无论心理上还是生理上，你都将处于紧绷状态，也就更容易因疏忽而出错，导致工作无法按期完成。

如果没有遇到突发状况，工作按照预期推进，预留出的时间便能让你比截止日期早上几天完成工作，利用这几天的时间，你可以从容转向下一个工作任务。所以，一定要给你的工作计划留下"缓冲"的空间。

那另一个问题来了，留出多少富余的时间才算合适呢？

当然，如果整个工作计划非常紧密，本就没有多少富余时间的情况下，如果一定要留出富余时间，那么你可以分配给工作中各个事项的时间就减少了，反而会本末倒置。

到底留出多少富余时间，要根据项目整体日程、工作熟练度等情况进行预估。也就是说，很大程度上是由你的经验和能力决定的。

当然，也不能一概而论。大致来说，如果是一个星期能完成的工作，留出1~2天的富余时间为宜；如果是一个月能做完的工作，留出一个星期的时间则比较合理。

另外，最好预留出给上司确认以及审批的时间。当你遇到需要修改的情况，如果只预留了一次对上司进行汇报和确认的时间，那么修改后再次汇报和确认的时间就不够了。

　　一般来说，如果是新员工的话，需要预留出足够两次以上向上司进行汇报和确认的时间，其他员工预留两次的时间就足够了。如果能一次就通过确认或审批的话，你预留的富余时间，就成了自己可支配的时间。

明天开始
行动吧！

以天为单位制订工作计划，把工作具体事项全部罗列上去

**1**　　首先，从工作开始到工作全部结束，需要完成哪些具体事项，请把你能想到的内容全部写到纸上。这时不用考虑每个事项的排序。

　　当然对完成工作来说完全没必要的事项，不用写出来，哪怕这些事项是一直在做的。这样做的目的，是为了能制定出最短的工作流程。

**2** 　　接下来，将写在纸上的具体事项进行排序。如果有可以并行推进的事项，请同时推进，这样可以提高工作效率。

**3** 　　最后，把具体事项全部落实到工作计划中。从截止日期起倒推每个事项要花费的时间。制订工作计划的时候，工作的期限不同，工作计划的制订方法也不一样。如果工作计划的期限为半年以内，可以以天为单位制作工作计划，比如"制作提纲"这类具体事项，便可以细化到9月8日到9月13日这一时间段内。

**步骤3** **将工作具体事项分解为可以执行的步骤**

## 工作推进过程中，发生延迟情况的常见原因

　　你自己有没有遇到过这样的情况？本来是想按时完成工作的，但进展怎么也不顺利。我以前经常这样。现在回想起来，那些不能顺利推进的都是些什么工作呢？似乎都是些从来没接触过的新工作或者不知如何推进的工作。

不知道该做些什么，当然也就无法着手推进，于是只好将其暂时延后，但跳过这一步之后接下来该做什么，依然毫无头绪，于是工作始终停滞不前。

在丰田公司从事人才培养工作的时候，我曾负责"自工序完结"培训的方案策划工作。那时的我，就处于完全不知道该做什么的状态，所以我的工作迟迟不见进展。

## 分解的威力

"培训方案策划"具体包括哪些工作内容，又该怎么去做？我完全没有头绪，进而也就无法把"培训方案策划"细化成可以执行的具体行动，只有大脑里的一个模糊的概念或者说粗略的印象。

于是，我找组长沟通，和他商量"培训方案策划"应该怎么做。在组长的帮助和指导下，我渐渐明白了这项工作具体都需要做什么，找到了推进方向。那个时候，我所做的事情，就是把具体事项进行粗略的分解，分解直到自己知道该采取哪些行动为止。

"培训方案策划"这项工作，可以分解为"总结'自工序完结'的概念""把'自工序完结'理念分解成可执行的具体步骤""规划培训的内容""制作培训PPT""制作以培养讲师为目的的培训课程"等。

经过一番分解，本来不知道该怎么推进的工作，变得具体而明确。

接下来，还要进行进一步分解。比如，"总结'自工序完结'的概念"这项内容，又可以分解成"收集'自工序完结'的相关资料""向了解'自工序完结'的人咨询""提炼出'自工序完结'的要点"等。经过分解，"总结'自工序完结'的概念"这项内容具体该怎么做，变得清晰明了，接下来可以着手开始做了。

像这样，我们需要把一项大而模糊的工作，分解成具体可执行的明确步骤。

举个例子，比如我们去大型展会参展，其中一项工作是"制作宣传单"。如果是第一次接触制作宣传单的工作，那么你可能会不知道该怎么做——可能心里有大致的印象，但具体该怎么做还是不明确。

这时，你可以这么分解。首先，选择一家印刷公司，然后收集宣传单样例，确定设计方向，探讨需要呈现在宣传单上的内容，在电脑中制作电子版文件，最后向印刷公司付款下单，印刷。

像这样，通过具体的分解，原本仅停留在大致印象中的工作，变得清晰明了，着手开展也就轻松容易了。如果经过一番分解，你还是感到迷茫，还是不知道该怎么做，那么你还可以继续往下分解。

　　比如，就"选择印刷公司"这项具体工作而言，可以分解成"打开搜索引擎检索印刷公司""打开检索到的印刷公司的网址""记录网站上的公开信息（如公司名称、价格、交期等）""根据你记录下来的信息进行公司间对比""对比后选择一家最合适的公司"。

　　经过分解，工作的具体步骤明确了，接下来也就知道该怎么做了。

　　在步骤2中，我们做的事情是，把完成一项工作所要做的具体事项列举出来。通常这些事项是大而模糊的，没有细化到可以执行的具体步骤。

　　在步骤3中，我们做的事情是，把这些大而模糊的事项进行分解，直到可以立即着手开展为止，并确定好各个事项的推进顺序，制订工作计划。

## 分解的技巧

从我在培训过程中观察到的学员们的练习情况来看，有的学员，好像天生就会"分解"一样，在步骤2中"列举工作具体事项"这个环节，他们就已经做了步骤3中的"分解"。有的学员，即便无法做到这个程度，但相比其他步骤，"分解"这一步骤也做得非常好。

所以，"分解"就是这么简单。

不过，分解具体事项的时候，也有让我们感到迷惑的地方，那就是"到底应该分解到什么程度好呢"。

还是以做咖喱为例进行说明，比较容易理解。比如，切菜这个环节，可以分解成"胡萝卜切块""土豆切块""洋葱切丝""肉切成一口大小的小块"。再进一步分解下去的话，可以分解成"洗胡萝卜""去掉胡萝卜茎""削皮"等具体步骤。

到底要分解到什么程度，真是一件让人感到困惑的事情。这个时候，主要看工作流程是为谁准备的。对象不同，分解的程度也不同。

如果你所做的"分解"，是为了给小学生提供做咖喱的手册或指导，那么你需要考虑到小学生的理解能力和知识水平，尽可能地把每个步骤分解得具体详细。对于小学生来说，你最好分解到"洗胡萝卜""去掉胡萝卜茎""削皮"这样的详细程度。

如果分解后的步骤是提供给大人的，那么就没必要特意分解成"洗胡萝卜""去掉胡萝卜茎"之类的详细步骤。你即便不进行步骤分解，大人也知道应该这么做。这时，你只需要分解到"胡萝卜切块"这样的步骤就可以了。

像这样，对象不同，分解的详细程度是不一样的。

工作也是同样的道理。

比如，预约会议这件事，如果面向新入职员工，你需要分解成"选择参会人员""确认参会人员的日程""决定开会时间""预约会议室""发送会议通知"等详细步骤。

但如果面向主任级别的老员工，详细步骤的分解就根本不需要了。

也就是说，需要根据不同的对象，确定分解的详细程度。

如果是你自己看，需要分解到你自己能明白的程度即可；如果面向新员工，那么就要分解到新员工能明白的程度。

如果你不知道该分解到什么程度时，可以先想一想你所要写的工作流程是为谁准备的，然后结合他的情况，确定分解的详细程度就可以了。

如表2-5所示，就以"做咖喱"为例展示了具体的分解过程。

## 表 2-5　分解实施事项

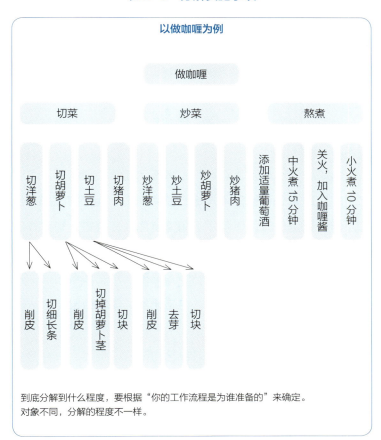

以做咖喱为例

做咖喱

切菜　　　　　炒菜　　　　　熬煮

切洋葱　切胡萝卜　切土豆　切猪肉　炒洋葱　炒土豆　炒胡萝卜　炒猪肉　添加适量葡萄酒　中火煮 15 分钟　关火，加入咖喱酱　小火煮 10 分钟

削皮　切细长条　削皮　切掉胡萝卜茎　切块　削皮　去芽　切块

到底分解到什么程度，要根据"你的工作流程是为谁准备的"来确定。
对象不同，分解的程度不一样。

## 不知道怎么分解时，如何应对

即便是第一次接触的新工作，也可能与以往负责过的工作有类似的地方，如果你对工作有一定印象，那么对你来说，"分解"这一步骤是比较容易的。

但是，如果对工作完全没有概念，以往也没有做过类似的工作，这样的情况怎么办？

比如，有一天你调动到新的岗位，你所负责的新工作与之前的岗位完全不一样，即便已经明确了工作目的和要产出的工作成果是什么，你还是不知道该怎么去推进，有这样的时候吧？

这时，如果你还是自己一个人琢磨，就是浪费时间。不知道的事情，任凭你怎么想，也是无解。仅靠自己一个人思考，往往容易弄错推进方向。

这时，你所需要的是，向自己的前辈、上司、有经验的人请教，听取他们的建议。不过，要使用正确的请教方式。

你不能直接对前辈和上司说"我不懂，你告诉我吧"。你应该先有自己的想法，然后拿着自己的想法和思路，去向上司请教。你可以说"我现在是这么想的，但是不知道我的想法对不对，有没有不足之处或者需要修改的地方"，然后听取上司的建议。

这样的话，上司才能以前辈的角度给予你一定的指导，指出你的想法中存在的错误和不足，然后告诉你更好的办法。

我曾经从人才培养的岗位调动到商品企划的岗位，两个岗位分属完全不同的业务领域。当时，我从身边的同事和上司那里得到了很多建议。虽然是全新的工作，但是在大家的指导下，我很快就熟悉了新的工作。

记得有一次，我被委派负责"车型设计审查会议"的准备和运营工作。

对于"车型设计审查会议"，我虽然以旁听者的身份参加过一次，但会议之前需要准备什么，会议当天需要做什么，需要提前准备的事项以及具体如何准备，我毫无概念。这项工作涉及的相关人员也很多，到底哪些工作是其他部门的同事负责，哪些工作由我自己负责，也完全弄不明白。

那时，我知道，仅仅靠自己去想是没有意义的，最好的办法是找前辈咨询、商量。于是，我咨询了同事，他所负责的其他车型正好刚完成设计审查。结果，他把自己的经验全部告诉了我，这些内容，以会议旁听者的身份，是完全不可能知道的。

**工作中总有自己一个人怎么想也想不明白的事情。**即便你已经了解工作的成果是什么（比如，这次的工作成果指的就是"车型设计审查会议"的举办，而我也参加过"车型设计审查会议"），其中也有你注意不到或不了解的事项。

用我刚刚介绍的正确的请教方式，找上司、前辈或者有经验的同事咨询、商量，一定可以得到很多你以前不知道的信息和建议，还可以防患于未然，提前规避失败和出错的风险。

所以，当你遇到不明白的事情，不要试图只靠自己解决，请与自己的上司、前辈和有经验的同事确认、商量，然后把工作具体事项分解到你可以执行的具体步骤吧。

## 任何一项工作，都有它存在的原因

写说明手册或是向别人介绍工作内容时，有一点务必需要注意。那就是，把这项工作的"存在的原因"明确出来。

任何一项工作，都有它存在的原因。如果不弄清楚工作存在的原因，那么做这项工作本身就成了其存在的原因。如果只是为了做完这项工作的话，就会产生我可以随意做的想法。

比如，有一项工作是"客户信息管理"。如果不明白"客户信息管理"存在的原因，这项工作就会被认为是一件烦琐和麻烦的事情。

如果理解了"客户信息管理"这项工作存在的原因是"为提供符合客户需求的服务""为寻找到潜在客户",那么做这项工作的人,就更加清楚自己应该做什么了。而且,在推进过程中,还可以结合工作存在原因进行改善,而不仅仅停留在完成工作本身上。

不了解工作存在原因的前提下完成的工作成果,与了解工作存在原因之后完成的工作成果,两者之间肯定存在很大的差异。

所以,给别人安排工作的时候,一定要把工作存在的原因说清楚。

## 将详细推进步骤,以天为单位写入工作计划

> **1** 将步骤2中列举出来的工作具体事项,进一步分解。在考虑工作目的和工作成果汇报对象的基础上,对大而模糊的工作具体事项进行细化分解。

将分解后的具体步骤，落实到工作计划中。

这个阶段，可以对步骤2中制订的工作计划进行调整。在步骤2中预计需要花费一个星期的工作具体事项，通过步骤3的详细分解，可能需要更长的时间。那么，你需要根据分解后的具体推进步骤，对你原定的工作计划进行调整。当原定工作计划的时间不够时，需要延长时间。经过调整后，最终形成详细的工作计划。

## 步骤4　制作检查清单

### 需要提前明确的事情

到这里，详细的工作计划明确了，接下来就是着手完成一个个工作具体事项了。

但是，别着急，这里还有一件事情需要大家注意。那就是，到底做到什么程度，才可以说这项工作全部完成了呢？这个问题，必须提前明确。

一般来说，在我们的大脑里会有一个概念，比如某个工作具体事项做到了什么程度，就可以开始下一个事项了。

　　比如，做咖喱的时候，我们知道翻炒到什么程度就可以不用再继续翻炒，熬煮到什么状态就可以进行下一步了。只不过，我们没有用文字和语言表示出来。如果用文字和语言表示出来，那么就是步骤4的内容。


## 工作完成的标准是什么

　　推进任何一项工作，总会产出工作成果。

　　比如，土豆切块这项工作。一个大大的土豆，会被切成三厘米见方的小土豆块。比如炒洋葱，原本白色的洋葱，经过翻炒，会变成浅褐色。

　　再比如，发送邮件这项工作的完成标准，是"已发送邮件"文件夹里会增加一封刚刚发出的邮件。给客户打电话预约见面这项工作的完成标准，是你和客户的见面时间已经约定好。

　　所以，每项工作都有完成的标准，我们有必要对工作完成的标准进行明确定义。当达到工作完成的标准时，就可以说工作完成了。

那么，怎么定义工作完成的标准呢？**可以用语言和文字定义。能用图像表示的，用图像表示出来**会更加容易理解。

比起用文字和语言描述"三厘米见方的小块土豆"，把三厘米见方的小块土豆用图片表示出来，更加清晰明了。最近出现很多做饭的视频，其实跟图片是同样的道理。翻炒、混合、熬煮，经过一系列处理后，食材最终会变成什么样子呢？通过拍摄的视频，可以非常清楚地呈现出来。烹饪类书籍中，比起大段的文字介绍，当然是丰富的配图更加容易理解。所以，当工作完成的标准难以用文字表述时，可以用图像，将更加容易理解。就好比用文字描述制作陶瓷碗的过程，无论怎么描述，总是不容易让人理解的。

和客户预约时间这种沟通类工作，无法用图像表示其完成标准，但如果是可以用图像表示的，请一定尽量使用图像。

## 制订任何人都理解的工作完成质量的判断标准

那么，当某项工作看起来符合工作完成的标准了，是不是就可以进入下一项工作了呢？其实，还有一件非常重要的事情不能忘记。如果这件事情没有明确，就还可能发生错误。

那就是，确定工作完成质量的判断标准。如果判断标准没有明确，仅仅从表面状况判断是否已经完成，那么事后你可能会发现某些地方还是存在错误或需要修改。

在这里，我以汽车制造工序为例进行说明。比如，拧螺丝钉。从表面判断，螺丝钉已经拧紧，工序完成，可以开始下一项工作了。但是你确定螺丝钉真的拧紧了吗？

不确定螺丝是否拧紧，对于一辆车来说，是非常恐怖的事情。但是，如果有一种判断标准——"当拧到发出咯吱声或以多少牛顿的力度拧，就是拧紧了"，又会怎么样呢？

拧螺丝钉的人会以此标准来判断是否拧紧，并且可以非常有把握地确定螺丝钉是否已经拧紧，不会再像之前那样心里不踏实。而且，有了标准之后，任何人都可以以此标准来进行判断。

如果没有判断标准，仅仅靠经验和技术人为判断的话，对于经验不足技术不够的人来说，可能就把握不了力度。

如果有一套统一的判断标准，任何人都可以按照这一标准来判断工作的完成质量，那么即便是第一次做该项工作的人，也能够轻松判断。

制订的判断标准，务必是任何人都能理解的内容。设定客观的判断标准，把容易出错的地方明确出来，可以有效规避错误的产生，起到防患于未然的作用。

## 判断标准不明确容易导致的错误

我的培训学员曾告诉我一个非常典型的案例。

该学员在之前公司任职的时候，需要去丰田公司商谈事情。学员所在的公司打算租赁汽车，驾车前往丰田公司总部。

当时，负责租赁车辆的是一位新来的女同事，她租了一辆其他品牌的车。而我这个学员觉得，既然是去丰田公司，还是开丰田品牌的汽车比较好。其实，丰田公司的员工并不在乎合作公司所使用的汽车是什么品牌。

这样的小插曲，其实是由于判断标准不明确而导致的。对负责租车的女同事来说，她的工作完成的标准，就是在需要用车的时间租到车辆，所以她并没有做错什么。

如果提前告诉那位女同事，希望她租赁一辆丰田公司生产的汽车，她肯定会按照要求选择丰田公司的汽车。正是因为判断标准不明确，租车的同事也没有想到这一点，所以租赁了别的品牌的汽车。

当然，如果是熟悉商务习惯的人，不用明确标准，在去合作公司拜访和洽谈的时候，他们肯定会选择合作公司生产的汽车。但是，对于新员工来说，要求他们具备这样的商务意识，是比较难的。

所以，制作指导手册的时候，或者指导员工的时候，务必提前把工作质量的判断标准明确告诉对方。

## 不归咎于人，要归咎于体制

在丰田公司，有一句话叫"不归咎于人，要归咎于体制"。

当员工工作出现错误或者某项工作未取得成功的时候，不是去怪罪员工，而是反思为何现存的体制不能防止员工犯错。也就是说，现存的体制不够完善。

我刚入职的时候，也犯过很多错误。当时我的上司和前辈对我说的话是，"建立一个避免下次犯同样错误的体制吧"，建立那种"即便想出错也出不了错"的体制。

如果把错误归因于人，出过错误的人接下来固然会注意并加以防范，但如果没有防止犯错的机制，同样的错误还是有可能再次出现。

而如果建立起了可以防止出错的体制，那么防止出错这件事，将不会再依赖于人本身这个不稳定因素，而是通过完善的体制来实现。

## 防止出错的检查清单

　　如果你是上司和前辈，在指导下属和后辈的时候，请提前告诉他们有哪些注意要点，并明确告诉他们在进入下一项工作之前的注意事项。

　　仅仅这么一个简单的举措，就可以大幅降低下属和后辈工作出错的概率。在执行手册中明确注意事项，也是一种防止出错的方法。

　　如果是常规性工作，可以把工作完成的标准、工作完成质量的判断标准、注意事项整理到一张纸上制作成检查清单。通过检查清单，可以减少错误发生的概率，还可以帮助你获得预期中的工作成果。

　　如果你给别人安排工作，请不仅要告诉对方工作的内容，还要告诉对方工作完成的标准、工作完成质量的判断标准以及工作中的注意事项，这样才能获得你想要的工作成果。

　　如果你提前将检查清单交给对方，相当于把你收到工作成果之后你自己再去确认的动作，前置到由实际负责工作的人来确认。这样你就可以收到符合期望的、合格的工作成果了。

## 好的检查清单什么样

　　在整理检查清单的时候，很多人会犯一个错误。在检查要点中，虽然写明了要检查的具体事项，但是没有列出明确的判断标准，检查的时候不知道怎么判断正确与否。

　　比如，检查要点中写了"确认会议室是否准备妥当"，看到这一条，你能明白是什么意思吗？"具体要确认些什么呢？""准备好了哪些东西才算妥当？"，估计除了制作检查清单的人，别人都看不明白吧？

　　实际上关于"会议室是否准备妥当"的判断标准，需要包含会议桌的布局是否为U字型、投影仪是否可以正常播放、最后一排座位是否可以看清屏幕、打印资料是否全部放置在座位上、座位的名牌是否已经核对无误等一系列的要点。

　　所以，什么地方需要确认什么、确认的时候参照什么标准，这些都需要在检查清单中进行明确。检查什么项目不重要，重要的是达到什么标准才算合格。

　　还是以前面提到的拧螺丝钉为例进行说明。如果检查清单中只写了"螺丝钉"三个字，这是不正确的。如果写成"螺丝钉是否已经拧紧"，也比较模糊，不是特别明确。应该写出"螺丝钉是否已经拧紧"的判断标准，比如"拧到发出咯吱声为止""用多少牛顿的力度拧"。

　　安排工作的时候，也不要对别人说"请把螺丝钉拧紧"，而要明确告诉对方"把螺丝钉拧紧直到发出咔嚓声"，这样才能获得想要的工作成果。

明天开始
行动吧！

制作检查清单，对工作成果进行确认

> **1**　首先，定义工作完成的标准。
> 　　如果是有形的工作成果，可以用图片或照片表示出来。如果是无形的工作成果，请尽可能清楚地将其内容描述出来。如果对尺寸、规格等有明确要求的话，也请把具体的数据记录下来。
> 　　当你开始担心"是否太过细致"的时候，就差不多可以了。

如果是资料的话，要细化到特别具体的标准，比如用A4纸双面打印、彩色打印、左上角装订、每人一份，等等。

**2** 整理出检查清单。

在检查清单中，不仅要写明检查什么事项，还要明确工作完成的标准、工作完成质量的判断标准。

另外，如果需要和参照物比对的话，请写明参照物是什么。

**步骤5 思考完成工作所必需的物品、信息和数据**

## 如何避免"无用功"

你有没有遇到过这样的事情？

正做饭的时候，发现忘记买某样东西，然后慌慌张张地跑出去买。工作中，总是事后才想起来还缺什么东西，于是紧急向供应商追加订单。

这种时候，不仅手头正在进行的工作不得不停下，你跑出去一趟所花的时间呢？追加订单所花的时间呢？这些额外花费的时间和精力，都是一种无用功。

对于工作而言，工具和材料是必需的。就好比，切菜需要菜刀，还需要切菜板，缺一不可。如果用剪刀代替菜刀，那么切出来的菜很可能就不尽如人意了，而且还会花费更多时间。

如果事前准备好切菜板和菜刀，就可以避免无用功和不必要的麻烦。

但是，很多人都不会提前做准备。而是在工作马上就要开始的时候，才来考虑工作所需要的工具和材料等。当准备这些工具和材料的时候，才发现原来准备也是要花费时间的，于是本来可以马上着手的工作，不得不延后开展。

工作必需的物品、信息和数据当然要在工作开始前准备好。你必须提前做好规划，提前准备，因为准备也是需要花时间的。

如果到了眼前才开始着手准备，可能会导致你不得不等上一些时间才能准备好。而这些等待时间不仅毫无附加价值，也没有任何意义，还可能会导致整个工作无法按照预计时间完成。

另外，本来可以一次性购买齐全的东西，因为购买前考虑不周导致不得不追加订单或者不得不再次出去购买，而这些都是时间和精力的浪费。

为了避免无用功，你必须提前准备。这就是步骤5的内容了。

## 工作中到底需要什么

说到工作，首先想到的应该就是开展工作所必需的工具和材料了。

比如做咖喱，在切菜环节，需要切菜用的切菜板和刀具。洗菜环节，需要盛放食材的大碗或盆子。削皮环节，虽然用菜刀也可以，但是用削皮专用工具会更好一些。

另外，所需工具和材料的数量也需要明确。比如，在切菜环节中，你需要的工具不是"菜刀"，而是"菜刀一把"；你所需要的食材不是"胡萝卜"，而是"胡萝卜两根"等。大概需要细化到这种程度。

如果是制作资料的话，所需要的工具和材料可能包括"夹子每人一个""透明文件袋每人一个"等。如果在所有工作开始之前，提前准备所需要的工具和材料的话，发现库存不足时，就可以提前安排采购了。

如果还需要准备房间和会场的话，也要提前准备。如果会场需要预定，提前准备就更加重要了，因为等到日期临近，有可能根本预定不到会场。

另外，包括到达会场所需要的时间也要考虑在内，并落实到工作计划中。

## 优先确保时间和场地

在雷克萨斯企划部负责新车型工作的时候，我深切地感受到提前预约场地这件事的重要性。

那时，我负责的工作是雷克萨斯新车型市场宣传片的拍摄。摄影场地必须提前预约，如果不提前预约，就无场地可用，而预约申请需要审批，从申请到审批结束，大概需要一周时间。

而且既然要拍的是车型素材，当然还需要准备好车辆。在新车上市之前能使用的车辆，还只是试作车[1]。试作车数量特别少，而需要使用试作车的部门特别多，申请到试作车的难度非常大。所以，拍摄工作需要提前协调好日程，确定好

---

1 试作车，指新车上市之前的测试车辆。——译者注

拍摄场地，并协调好试作车的使用时间。

我知道这件事情的特殊性，所以确定拍摄时间之后，我立即便去申请拍摄场地。

如果，我事前不知道车辆的特殊情况，会怎么样呢？等车辆到了我这里，再去申请拍摄场地的话，"日程繁忙"的车辆根本不可能"等待"这么久的时间。如果错过了试作车的使用时间，再重新安排的话，估计至少得等上一个月才能再有档期。这样的话，拍摄工作就不得不延迟至少一个月。

这件事情让我对工作有了更为深切的体会，庆幸自己没有临时抱佛脚，而是提前对时间和场地作了充分的安排。

场地和时间，对于任何工作来说，都是非常重要的因素。

当需要跟客户开会的时候，你首先要做的也是提前确定好开会的时间和地点。特别是当对方非常繁忙的时候，你更要提前向对方预约时间。如果你晚了一点，原本空闲的时间不一会儿便被一个接一个的其他的预约占满。最后苦恼的肯定是你自己。

如果场地和时间需要提前预约，我建议你首先做好场地和时间的安排。提前确定好场地和时间，才能规避一些未知的风险。

## 信息和数据也是需要提前准备的重要内容

对于工作来说，必需的条件不仅仅包含工具、场地、时间等。

信息和数据也是需要提前准备的重要内容之一。尤其对于办公室的白领们来说，信息和数据更是工作中必不可少的。

实际上，在工作中，很多人真的是到了临近截止日期才慌忙去调查、收集和获取信息。随着网络、社交论坛、智能手机的发展，在很多人的认知中，信息获取和收集变得更加容易，检索和查询也更加便捷。所以，提前准备信息和数据的意识变得越来越弱。可以说这是现代商务人士的一个典型倾向。

反过来，也可以说这正是一个好机会，那些能够意识到信息和数据对于工作的重要性并提前准备的人，就能逐渐与其他人拉开差距，显露出自己的优秀之处。

比如，现在有一项工作，需要给某位同事发送邮件，请求配合。如果你没有他的邮箱地址，你就发送不了，工作也只能先停下来。你原定的工作时间又被延迟了。

另外，如果你要提交的报告中需要用到问卷调查的结论，这也是信息和数据的一种。因为需要把调查结论写进报告里，所以在你开始写报告之前，问卷调查必须完成，并且必须形成结论。所以，当你委托外部调研公司的时候，务必确定具体的提交时间，并要求他们按时提交问卷调查结果。

除了报告书以外，如果是某个会议需要用到的信息和数据，那么一定要在开会之前把这些信息和数据准备好。

当然，能够做到这一点的前提，是我们事先知道需要哪些信息和数据，而后才能去准备。

我们在做事前准备的时候，也要像上述这些案例那样，提前就工作所需要的物品、信息和数据进行商讨确认，再以此为前提制订工作计划，这样一来，需要提前申请或他人配合的工作才不致延误，整体工作才能顺利推进。

## 如何预防事前准备出现漏项

虽然考虑了工作所必需的全部物品、信息和数据，但还是可能会因考虑不周而导致出现漏项。本来要着手工作了，但发现工作所必需的物品还不齐全，工作所需的信息、数据也未准备。你有没有过类似的经历呢？

为了防止工作前的准备出现漏项，在提前准备的时候，先想象一下工作开展的场景和想要获得的工作成果概况，有了具体印象之后再准备，考虑会更加周到一些。

　　比如，做咖喱时需要切菜，可以想象一下切菜的场景，你可能会想到如果不小心切到了手指怎么办，因此你可能会提前准备好创可贴以备不时之需。

　　想象炒菜的场景，你可能会想到如果油热后迸溅出油花儿怎么办，是不是准备条围裙比较好？

　　如果你不提前设想开展工作的具体情形，那么在切菜环节，你可能只会准备切菜用的切菜板和菜刀。在炒菜环节，你可能只会准备炒锅和辅助翻炒的长筷子。

　　所以想象具体的工作场景，可以帮助你防止出现漏项。还可以帮助你进一步准备工作必需的物品、信息及数据和防止潜在风险发生，以帮助你顺利推进工作。

　　我自己在推进工作的时候，首先会想象我实际工作时的场景，根据实际的工作场景准备必要的物品、信息和数据。

　　比如，我在丰田公司工作的时候，雷克萨斯企划部的工作之一，就是处理来自新市场的进口请求，在这些新市场雷克萨斯没有过出口记录，一般以加勒比海国家居多。

　　至于是否要向该地区出口车辆，需要根据"以前有没有公司的其他车型出口到该地区""法律法规和道路状况是否允许出口"等标准，由技术部的研发人员来进行判断。

　　有一次，我们收到了来自圣马丁岛的进口请求。但是我们根本不知道圣马丁岛是什么地方，也不知道它属于哪个国家。于是我收集了圣马丁岛的相关信息，包括那里的气候、地理状况和历史沿革，然后带着这些信息去了技术部。

负责相关工作的技术部负责人员恰好也不了解圣马丁的基本情况，我提前准备的这些材料，对于他做判断起到了非常大的帮助。这是因为我提前想象了技术部员工做判断的场景，他们做判断时会参考什么信息，因而我提前做的准备工作起到了作用。

你也可以像我一样，在开会之前，想一想开会的时候可能需要用到什么材料、信息和数据，然后提前准备。

比如，你和上司正在沟通一项工作，上司突然要求你调查或准备什么，你可以很从容地回答他你已经准备好了，并拿出上司所需要的相关材料。这样的话，不仅上司对你的评价会越来越高，还可以省去再次和上司沟通的时间，进而可以大幅提高工作效率。

想象工作开展的实际场景，准备必要的物品、信息和数据，如此简单且不费精力的做法，可以有效防止出现漏项，提高工作效率。

## 并不是所有必要的东西，都一定要准备

看到这个标题，你可能会想"这不是和你之前所说的内容自相矛盾了吗"。

没有比"将工作所必需的物品、信息和数据尽可能准备齐全"更好的办法了。但是，如果准备这些物品、信息和数据需要花费超预算的资金，并且还需要花费大量的时间，这种情况下，你可以考虑用其他东西代替。

我刚开始自己创业的时候，就遇到过类似的情况。当时，我原本打算引进一个系统。但是因为资金有限，为了节约费用，我直接用Excel[1]编了很多函数和公式，做成了一个与系统功能类似的工具。工具很好用，并没有因为是Excel的原因而功能低下、运行缓慢。后来，当我不再需要这个工具了，我还暗自庆幸自己当初没有花费额外的费用去引进一个昂贵的系统。

运用自己的智慧，好好想一想，很多东西都有功能相似的替代品，无须花费额外的成本。

当你把工作所需的物品、信息和数据列出来清单后，可以先想一想有没有其他成本低的东西可以替代，而不是简单

---

1　Excel，一款电子表格软件。——译者注

粗暴地去花钱解决。这样，不仅可以节省费用，更是自身能力的一种提升，可能会产生意想不到的效果。

想象实际的工作场景，思考必需的物品和信息数据

　　想象自己工作中的实际场景以及想要获得的工作成果，然后把必要的物品信息和数据列成清单，并记录下来吧，别忘了还要记上必需的数量哦。

　　如果准备这些必需物品、信息或数据，需要花费一定的时间，那么一定要提前申请或者提前购买。

## 明确工作流程和工作计划

　　经过上述5个步骤，我们可以完成工作流程的制定，并完成工作计划的制订。

到此为止，以下几项内容已经明确了。

[ 工作目的和要产出的工作成果是什么？]

[ 工作具体事项有哪些？如何推进？]

[ 工作完成的标准、工作完成质量的判断标准是什么？]

[ 工作开始前，需要准备什么必要的物品、信息和数据？]

如果目前你只完成了步骤2中的列举工作具体事项的内容，和步骤3中的将工作具体事项分解为可以执行的具体步骤的内容。这也没关系。从想要获得的工作成果出发，提出自己的疑问并不断修正，然后明确每个环节的工作完成的标准，以及制订每个环节的工作完成质量的判断标准，然后再考虑开展每个环节的工作所必需的物品、信息和数据。对于这一系列的步骤，能全部照做的人少之又少，在我目前的培训学员和客户中，我还没有发现一个人可以全部完成。

反过来讲，也正是因为做到了常人无法做到的事情，并且将这些事情形成标准流程加以贯彻，丰田公司才能不断地制造出高品质的汽车。

并且，丰田公司的每个员工都能做到不浪费时间、成本和精力地高效工作，所以公司整体的支出成本才能得到很好地控制，最终公司效益才能持续保持最大化。

至此，我们的工作流程和工作计划都已经明确，接下来可以着手推进工作了。

但是，还有一件事情，如果你做到了，工作效率将可以进一步提升，那就是"与团队成员合作"。

下一章，我将介绍只有丰田公司员工才知道的团队合作的方法和技巧，敬请期待。

# 3

# 团队合作可以
# 进一步提高工作效率

**步骤6** **考虑工作分工**

## 独自完成所有工作的人是"能人"，这其实是错觉

工作流程和工作计划一旦明确，工作的具体情况就基本明朗了。比如，"接下来可能是繁忙的两个星期""这项工作好像别人也能做""在截止日期之前产出工作成果还是挺难的"等。

这时候，工作特别认真的人容易掉入这样一个怪圈。即便觉得工作很难，但无论如何也要想办法独自努力完成。因为在他看来，如果借助了别人的力量，会被周围的同事看低，别人会觉得是因为他自己无法完成才寻求他人帮助的。

借助别人的力量，难道真的是无能的人才做的事吗？不是的。真实情况正好相反。

真正厉害的人，是善于借助别人力量的人。

善于借助他人的力量，可以做到一些自己做不到的事情，并且还可能会得到他人的赞赏。

每个人擅长的事情是不同的。每个人的时间，每个人能承担的工作量，是有限度的。

如果借助别人的力量，让别人帮忙分担一些工作，会怎么样呢？当然是可以完成更多的工作了。

其实，不会做工作的人，往往会认为自己一个人完成所有工作才能证明自己是"能人"。所以，这样的人经常被工作追着跑，完全没有自己的空闲时间。这种情况下，基本也做不出超过自己能力范围的、更好的工作成果。

所以，善于借助别人的力量，是非常重要的。在丰田公司，有一条经营理念或者说价值观叫"Toyota Way（丰田之道）"，这也是全世界所有丰田公司员工的行为准则。

"Toyota Way"是用五个关键词来表述的，其中一个关键词就是"团队合作"。意即比起员工个人单打独斗，发挥团队的作用可以完成更高质量的工作成果。

仅凭个人的能力和力量，即便可以完成工作，所能达到的工作成果的质量也是有限的。但是，如果可以借助团队的力量，能达到的工作成果的质量有可能被无限提高。

本章中，我将对"借助团队和周围同事的力量"的办法进行详细说明，以达到最大化提高工作效率和工作质量的目的。这个方法非常简单，但现实职场中，能够做到的人却不多。也正因为如此，这一方法极有可能成为你在职场脱颖而出的秘密武器。

## 问题已经显现出来

到这里，你应该已经花了些时间把工作流程和工作计划都做好了。至于具体花了多少时间则因人而异，有的人可能只花费了1个小时的时间，有的人可能花费了2个小时的时间，有的人可能花费了更长的时间。当然，你投入这么多时间完成的工作流程和工作计划，一定会给你带来很多好处。

其中一个好处就是，你能从你制作的工作流程和工作计划里提前发现工作所面临的问题。这里的问题指的是，接下来你要推进的工作，可能时间过于紧张，抑或靠你自己一个人无法完成，等等。

如果没有明确的工作流程和工作计划，你可能还懵然不知，觉得"还行吧，应该能完成""怎么也能赶在截止日期之前完成吧"。正是因为有了明确的工作计划，你才能从中准确地判断自己能否完成、时间是否充裕。"照这么看，可能截止日期之前拿不出一个最佳的工作成果啊"。有了明确的工作计划，类似这样的问题才会暴露出来。

如果继续无视时间可能不够的问题，闷头做下去，则必然会出现严重问题，比如进度延迟或拿不出像样的工作成果等。

在工作流程和工作计划已经明确的阶段发现的问题，需要尽早解决掉。如果等到事到临头时再去想办法，你和周围的人都会手忙脚乱。

况且，让自己急得像热锅上的蚂蚁，也并不是明智之举，当你的大脑和内心处于紧张状态的时候，工作就更容易出现失误。

但是，如果能够提前发现问题，那么就不用慌慌张张了，因为你还有充裕的时间去想解决办法，也可以请求他人帮助你一起解决问题。


## 寻求他人帮助的重要秘诀

在丰田公司负责雷克萨斯车型企划工作的时候，因为临时比原计划减少了一个同事，原本那个同事负责的车型，被安排给了我，所以由我同时负责两个车型的企划工作。因为他负责的车型也是新车型，两个车型的企划工作同时进行，要做的工作非常多。

其中最为紧急也最为重要的事情是，需要制作关于"新车型设计思路"的资料，用于向海外销售部门进行说明。

海外销售部门需要以这份资料为基础，研究新车型的市场营销方向和方案。可以说，这份资料是新车型在全世界的市场营销活动的根本。

作为新车研发的"总指挥"，技术部的研发思路是极其宽广的。我做资料的时候，需要把如此宽广的技术研发思路毫无遗漏地表述清楚，并且还要研发用销售人员能理解的说法表达出来。

仅从这个层面上讲，这项工作已经非常重要了。除此之外，还要确定在美国市场的销售价格，以及新增配置的基准价格（因为是雷克萨斯的旗舰版车型，所以增加了很多新的可选配置），此外还要完成特别版车型企划。总之，需要推进的工作很多很多，如果不快速推进，是绝对不行的。

加上我自己原本负责的运动型轿车还有很多工作必须完成。相当于我一个人负责原来两个人的工作，工作量和工作难度可想而知。

于是，**我首先把两个车型的工作流程和工作计划可视化**。可视化后明显可以看出，以我一个人的时间和精力是忙不过来的。

于是，我去和我的上司商量。在上司和助理的帮助下，调整了工作的截止日期，以及对工作完成度的要求。一番调整下来，无论心理上还是身体上的紧张状态都有了一定的改善，接下来就可以正常地推进工作了。

当然，这么多工作肯定是要加班才能完成的。但至少缓解了焦虑的心态，而且上司也知道我的工作量和工作难度，会适当给我一些帮助，并帮我减少一些工作量。

现在回过头看，当时为何能顺利完成呢？其关键之处在于，我把自己所负责的工作的推进流程和工作计划进行了可视化，而且以此为基础，获得了上司和助理的帮助。

要借助他人的力量，首先你得把自己的工作流程和工作计划明确出来、进行可视化，并与他人分享。与人分享的过程，就是获得他人帮助的契机。有了他人的帮助，自己一个人无法完成的工作也可以顺利推进了。

在步骤2中我介绍的工作方法有多重要，从这章内容也能看出来吧。

## 能交给别人的工作内容是什么

工作流程和工作计划明确后，什么时间要完成什么工作具体事项，就一目了然了。哪些工作可以由其他人分担也随之清晰可见。可以合并推进的工作中的具体事项，也可以做一定的合并调整。

如果在工作流程和工作计划不明确的情况下，很多事情是无法明确的。你可能觉得你应该可以完成，但是没有把握。而且，不知道具体要做什么，也就没办法把工作分配给别人，让别人帮助你。想把工作中的具体事项合并起来一起推进，也不知道哪些事项可以合并，最后只能走一步看一步。

这样的工作推进方法，是可以改变的。比如，有个项目，需要预约好几个会议室或者多次预约会议室。与时间临近再进行预约相比，提前预约、并行推进，效率会更高。

想再进一步提高工作效率的话，可以把预约会议室这样的工作交给助理或者事务人员去完成。如果公司和部门没有配备助理和事务人员，那另当别论。如果有可以协助你的人，**一定要把别人也能完成的工作积极地交出去，让他们协助你完成**，以此提高工作效率。

并且，不要只是想着交给可以完成这项工作的人就行了，如果交给能比自己更快更好完成这项工作的人，效果会更好。

比如，如果团队中有同事擅长整理数据和制作图表，那么可以把相关的工作交给他。如果你的下属或者团队里有人精通系统相关技术，那么可以让他作为系统的负责人。

近来，采用众包[1]模式的外包公司也逐渐多了起来，如果条件允许，这也是一种提高效率的选择。有的人可能会觉得如果外包的话，需要花费额外的费用。但是你不妨计算一下，如果一份工作由你自己完成，可能需要花费5个小时，那么你完成这项工作的成本就是"你的每小时工资×5"。

与此相比，外包的单价便宜、速度快、效率高。如果外包人员非常专业的话，工作完成质量也非常高。这样对比，选择外包也不失为一种明智之举。

再重复一句，**把自己的部分工作交给其他人做，别人能帮你分担的前提条件，也在于你提前已经确定好了明确的工作流程和工作计划。**

不要把所有工作压在自己一个人身上，积极地交给别人来分担吧。如此一来，你的工作效率将会明显提高。

## 工作成果的好坏，90%取决于交代时的做法

应该积极地让别人一起分担工作。

---

1 众包（Crowdsourcing），通过在大众网络招募人手进行服务或内容开发。——译者注

但是，实际工作中却经常发生这样的情况。工作是交给别人帮忙做了，但往往别人做出来的工作成果并不是自己想要的，最终还是得自己重新做一遍。如果让别人重做，可能还要花费更多时间。

这样的情况屡见不鲜，我自己也曾多次遇到。但实际上，大多数情况下，结果如何全在于你交代工作时的做法。**你交代工作时的做法不同，你所得到的结果也会大相径庭。**那么，交代工作的时候应该怎么做呢？

交代工作时，一定要提前把**最终的工作计划、工作成果概要图或概要说明、检查清单、工作必需的物品和信息等，全部告诉对方**。这样，一切明明白白、清清楚楚。

多数时候，其实是因为交代工作的一方给出的指示模糊不清，没能表达清楚自己的需求，最终导致接受工作的一方只能按照自己认为的最佳方式把工作做完。

就比如，咖喱有不同的种类，工作成果也是同样的道理，别人做出来的工作成果，多数时候都不是你想要的。

如果提前告诉对方你希望获得的工作成果是什么样的，把你的工作流程和工作计划、检查清单、工作必需的物品和信息等全部告知对方，那么，**对方完成的工作成果不符合你的预期的风险将可以降到最低**。而且，接受工作的一方，也可以更清楚地理解你的需求。

## 工作成果不符合预期，原因是什么

如果你交代出去的工作，其完成情况总不符合你的预期，原因其实在于你交代工作时的做法不对。也就是说，有可能你交代工作时给出的指示是模糊不清的。

比如，马上要开个会议，你交代给下属，让他按照参会人数准备资料。这本身是一件非常简单也非常基础的工作，但有些事项还是要交代清楚。

这份资料是单面打印，还是双面打印？

是彩色打印，还是黑白打印？

打印好的资料，是用订书机装订，还是用曲别针固定？

资料需要放入透明文件袋吗？

如果这些事项你没有交代清楚，就可能得不到想要的工作成果。有可能你希望的是单面打印，而下属却准备了双面打印；你希望用曲别针固定，下属却用了订书机装订。

最终的工作成果和你的期望不一致，原因在于你交代工作的时候，并没有明确告诉对方你的需求是什么。

你应该明确说明如下事项：

◎ 你的工作计划和工作的截止日期

◎ 工作成果概要图或概要说明

◎检查清单

◎工作时必需的物品、信息和数据

如果你清楚具体地告诉了对方上述事项，他一定会按照你的期望把资料准备好，并提前放置到会场。

有的人可能会觉得不就是交代工作嘛，没必要这么细致和谨慎。但是，从结果上来说，这么做却真的可以减少"返工""无用功"等状况的发生，减少时间上的浪费。

另外，一定要尽量避免快到截止日期了才把工作交给别人做。因为其他人也有自己的工作，也有自己的工作计划。你交代的工作如果时间过于紧迫，可能会使对方无法应对。

当你自己是接受工作的一方时，这样的情况很容易理解。但如果自己是交代工作的一方，往往就容易忘记这一点。

时间充裕的情况下可以处理的事情，在时间紧急的情况下，可能就没办法应对。这样一来，苦恼的最终还是你。

即便其他人愿意接受你紧急交代的工作，但你这么做不仅会给对方增添麻烦，还可能降低其他人对你的评价。

总是在紧急的时候把工作交给其他人来分担的人，长此以往，将没有人再愿意帮助他。这样的情况，在一个会工作的人身上是不会发生的。

## 为什么总能得到别人的帮助

除了要留出充裕的时间，早一点把工作交代给别人，还有一点如果能做到，也可以大幅降低工作超期完成的风险。

我在丰田公司工作的时候，在给后辈和助理交代工作的时候，便非常注意这一点，不管多忙都是如此。那就是，"**考虑对方已有的工作安排**"。

其实，很多时候，对方不管本来的工作有多忙，都会尽量想办法接受你交代的工作。尤其当上司或前辈交代工作的时候，对方更是难以拒绝。

但是，如果在勉为其难的情况下接受了你的工作安排，就会有工作无法按时完成的风险。为了减少这种风险的发生，**一定要考虑到对方本来的工作安排，并和对方好好商量并判断对方可不可以应对**。

如果对方接受了你交代的工作，管理日程的责任自然也就随之转移到了对方身上。此时你可能会觉得，工作都交出去了，何必还操心那么多。但是，**如果对方无法按时完成，最后苦恼的还是你**，而不是他。所以，提前考虑和顾及对方已有的工作安排，其实也是为了你自己。

我在丰田公司负责人才培养工作的时候，有个后辈担任我的助理。她踏实认真，勤勤恳恳，我交代的工作，总是二话不说就接了下来。有次需要将培训用的PPT资料翻译成英文。PPT是新做的，内容多，翻译难度高，但我考虑到她的英语水平和翻译能力都很强，认为她应该可以完成这项工作。

当我把工作交代给她的时候，她的回答是"好的，没问题，一定完成"，看起来特别轻松爽快。我本来认为交给她没有问题。

但是，当我了解了她目前的工作负荷、工作内容以及各个工作的截止日期后，我发现如果再加上我交代给她的这项工作，她肯定要加很多班才能完成。

如果就这样把工作交给她，不仅会给她增加很多负担，还会给她本身的工作增添很多障碍。另外，如果不能按时完成，且不说我自己会比较困扰，还会白白给她增添很多心理上的负担，那就太让人过意不去了。

于是，针对她目前各项工作计划，我与她进行了沟通和交流。

首先，将她的各项工作中重要度低但时间紧急的部分筛选出来，看看有没有可以申请晚一点完成的，然后由我直接与交给她工作的同事进行沟通，把截止时间往后推。

另外，有些工作的完成度不必那么高，我也直接与交给她工作的同事进行了沟通，减轻了她的工作负荷。

经过这样一番沟通和协调，我交代给她的工作，不仅有了较为充裕的时间，还提前减少了不能按时完成的风险。

后来的结果是，她不仅按时完成了PPT的翻译，而且翻译得非常好，甚至超出了我的想象。尽管在培训开始前必须准备的事项众多且比较繁杂，但也正因为有了她的帮助，我负责的培训工作才得以顺利进行。

像这样，提前考虑对方已有的工作安排，协调好工作时间，不仅可以减少延期完成的风险，还无须你事后跟踪，也避免了"无用功"状况的发生，你也不会因为截止日期的日益逼近而紧张不已。

不管是交代工作的一方，还是接收工作的人，双方都能愉快轻松地应对。

## 工作计划要不断修改

对于好不容易做好的工作计划，你是不是觉得无论如何也要遵守，不管怎样也不能修改？其实并不是。恰恰相反，我反而要告诉你工作计划应该不断修改。

在一项工作开始前，尽量把需要修改的地方全部修改完，但工作开始后，要尽可能遵守已经确定好的工作计划。

比如，因为别人帮你分担了部分工作，你整体的工作完成时间比原计划的提前了。你也可以维持原定的整体工作完成时间不变，把节省出来的时间安排到工作中的某个具体事项上。

或者，考虑一下突发状况，万一原定的帮你分担部分工作的人临时出现其他的安排，不能帮你分担了，那么你的整体工作完成时间可能要延后。

所以，想要保持你原本制订好的工作计划不变，基本是不可能的。

如果工作实际情况发生了变化，可以对原定的工作计划进行实时更新。

已经确定好的工作计划，不是一成不变的，不是不可以修改的，根据工作推进的实际情况，进行适当调整才是更加现实的做法。

可以交给他人的或者他人更加擅长的工作，请借助他人的力量完成

首先，对步骤5中确定好的工作流程和工作计划进行重新审视，必要的话可以进行适当修改。

比如，工作计划里有没有什么地方不合理？

有没有哪些工作是除你以外别人也可以完成的？

 有没有哪些工作其他人更加擅长？

有没有哪些工作合并起来效率更高？

外包是不是成本更低，效率更高？

可以根据以上内容，结合工作流程和工作计划，进行适当地修改，并看看有没有可以让人帮忙分担的部分工作。

如果有需要他人协助的工作，可以交给其他人帮忙完成。

交代工作时，需要提前说明工作计划、希望的完成状态（尽可能详细，如果有图或照片展示更好）、检查清单，还有工作必需的物品、信息和数据，并尽量清楚详细。

清楚详细地说明后，才有可能得到期望的工作成果。

 **步骤7**　**与相关人员分享工作流程和工作计划**

## 通过与人分享改进工作流程和工作计划

很多人会觉得制订好的工作流程和工作计划是给自己用

118

的，所以不用分享给任何人。你也是这样认为的吗？

其实自己制订好的工作流程和工作计划，并不一定完美，里面可能还存在很多疏漏的地方，或者有遗漏的事项，或者有不切实际的地方。如果按照这样的工作流程和工作计划开展工作，不一定能顺利推进。

怎么才能让工作进展顺利呢？那就是，**把自己的工作流程和工作计划，分享给相关人员。**

这个办法非常简单易行，但我们在日常工作中却往往做不到。对于不擅长"报联商"的人，以及喜欢自己独自完成工作的人来说，这更是一件困难的事情。不过，就算不擅长，通过分享也可以提高工作成功的概率，你会怎么选择呢？

从时间上看，分享你的工作流程和工作计划花费30分钟的时间足够了。我也建议不要想得太麻烦，不要太费周折，简单分享即可。

我目前的客户，基本都是公司经营者或业务负责人，他们告诉我几乎从来没有看到下属或员工主动分享自己制订好的工作流程和工作计划。当然，当有重大项目开展或者新的制度要实行的时候，他们自己也几乎从来没有对下属和员工分享过自己的工作流程和工作计划。

这真是一种浪费啊。与人分享工作流程和工作计划，有很多好处。不管是对于你自己，还是你的上司，或者你的下属，都大有裨益。

如果你正好是上司，请一定要积极地把自己的工作流程和工作计划分享给自己的下属。首先，从自己开始，来营造这种随时分享的氛围。慢慢地，你的下属、你周围的同事会逐渐意识到分享自己的工作流程和工作计划的重要性，进而加入分享的行列，最终大家一起受益。

如果，到现在为止，你还没有与人分享过，那么从明天开始一定要试试看。你的工作流程和工作计划，会不断改善。

## 与人分享工作流程和工作计划的好处

那么，与人分享工作流程和工作计划，有什么好处呢？

首先，可以从你的上司、有经验的前辈那里得到很多有价值的建议、指导意见，甚至是帮助和支持。

比如，可能上司会帮你发现工作计划中你无法完成的具体事项，或者会分配给你一些资源，帮助你按时完成。

也许，别人还能帮你发现工作计划中的疏漏和缺失的内容。经过别人的指导和指正，可以帮助你进一步完善工作流程和工作计划，使其变得更加贴合实际、更加易于操作。

我自己是这么做的，我会在工作开始前把我的工作流程和工作计划分享给相关人员。分享对象不仅仅是我的上司，还有我的后辈、我的助理。

因为这样做，不仅可以从上司那里获得很多有价值的意见，还能从后辈和助理那里得到很多实际操作层面的具体建议。

这么一来，我的工作流程和工作计划，将更加具有可操作性。

比如，关于车辆的调配事宜，我的助理会比我更加清楚。如果我的工作时间安排太过于紧张，她会给出更加合理的建议。因为平时都是她帮我调配车辆，所以涉及实际操作层面的具体细节信息，肯定是她比我知道得更多。

## 来自上司和相关人员的压力，消失了

提前把工作流程和工作计划分享给相关人员，其好处还不仅仅是上述那些。

高效工作法

你所制作的工作流程和工作计划，把你的工作可视化了。如果把这些与你的上司及相关人员进行分享，可以减少上司和相关人员对你的工作进度的关注，他们不会再有"工作交给他靠谱吗""他的工作进度怎么样了""能不能完成"之类的担忧。

从上司的角度讲，他也可以非常安心地把工作交给你。也就是说，你所制作的工作流程和工作计划，相当于是上司和下属之间沟通的工具，可以促进上司和下属之间的沟通交流。

如果上司总是问下属"你的那项工作做得怎么样了？""这项工作进度如何？"之类的话，作为下属，其心情肯定特别烦躁。反过来，从上司的角度看，管理下属的工作进度又是上司的职责，如果下属总是不向上司汇报自己的工作进度，那么作为上司肯定会担心是不是工作停滞了，或者是不是有什么困难。

通过提前分享工作流程和工作计划，上司可以知晓下属的工作安排和工作计划，不会再有不必要的担心，下属也不会总被上司询问，彼此舒心，这是一种实现双赢的办法。

122

## 收到建议如何充分利用

提前把工作流程和工作计划分享给上司和相关人员，还可以从他们那里得到很多好的建议，可是很多人把这些建议记录在笔记本上就搁置不管了。

这样做没有任何意义。如果只作为笔记记录下来，多数人会忘记自己记录的内容，有的人甚至都会忘记做了笔记这件事。

那么，怎样才能充分地利用这些建议呢？

首先，根据你所得到的建议，第一时间修改你的工作流程和工作计划。如果可能的话，我建议你当场进行修改。

不单单是要作为笔记记录下来，还要把建议反映到你的工作流程和工作计划里，如果电脑就在手边，可以当场使用电脑进行修改。

## 最好当场修改的两大理由

最好当场修改的理由，总体来说有两个。

首先，第一个理由是，如果当场完成修改，那么你就没有必要再次预约时间对修改后的工作流程和工作计划进行分享说明。

如果只是细微的修改，自然是没有必要再次分享说明的。但如果有较大修改，那么还是再次分享说明一下比较好。如果需要再次分享，那么就要再次预约时间，并安排一次沟通会，如此一来可就费时费力了。如果在听取大家的意见后，能当场修改完毕，就不必再次预约时间进行分享说明，大大节省时间和精力。

当场修改，没必要做得那么精致漂亮，可以手写，也可以在电脑上简单输入，虽然看起来不那么美观，但是没关系，沟通会结束后再稍加整理即可。

当场修改时，如果遇到问题，或者修改得不准确，可以再次向上司或相关人员进行确认。所以，当场修改是一种效率非常高的做法。

第二个理由是，如果不当场进行修改，沟通会结束后可能你就懒得去修改了。因为你会觉得你已经完成一遍，再去修改，就是额外增加的工作量。或者之后你再去修改的时候，已经忘记了当时他人给出的建议是什么。

其实，我自己也有这样的问题。所以当我向后辈提出建议时，会要求他们当场进行修改，如果对方有疑问，可以当场再次向我确认。

基于这两大理由，建议大家一定要当场完成修改。

## 汇报的理想时机

从我的客户那里，我经常听到这样的情况，"下属总是不向我汇报"。其实，不仅仅是我的客户，你身边的同事、你的上司可能也会经常这么感叹。

上司可能在焦急等待着下属来找自己汇报，但下属却可能不知道什么时候应该向上司汇报。为了避免这样的尴尬，首先需要弄清楚什么时候才是合适的汇报时机。

话虽这么说，但其实很多人并不知道如何判断什么时候是好的汇报时机。其实最简单的判断标准是，"同样的事情，不同员工的判断结果不同的时候，就应该进行汇报了。"

比如，做一份资料，最开始的步骤是写出提纲。当资料的提纲写好后，有的人可能觉得写得太过于细化，有的人可能觉得内容还不足。这个时候，就应该进行汇报和确认。

换句话说，除非你自己对于你所做的工作有绝对的自信，否则，你就应该进行汇报。当你自己认为可以，但并不知道上司怎么想的时候，就是你进行汇报的最佳时机。

如果可以的话，你最好提前征询上司和相关人员的意见，你可以说"关于这件事，我想给您做个阶段性汇报"。对于上司来说，如果能提前知道你将要向他进行汇报，他会更加安心。

如果还有其他事情也需要进行汇报的话，可以一并征求上司的意见，你可以说"另外还有一件事情，我也希望向您做个汇报"，或者说"等资料的框架和工作成果概要图做出来后，我希望一并向您做个汇报"。通过这样的提前沟通，你和上司可以就接下来的汇报工作达成一致。

　　当然，能和上司达成一致，其前提也是因为你的工作流程和工作计划已经分享给了上司。

　　如果之前你和上司或者你和下属之间的沟通不够顺畅的话，不妨从现在开始，把自己的工作流程和工作计划可视化，并分享给上司和下属，然后寻找好的沟通时机。


## 汇报时机确定后，立即要做的事情是什么

　　当汇报时机确定后，有一件事情需要当场立即完成。这件事情，就是"进一步确定汇报的具体时间点"。

　　即便是与上司确定了汇报的时机，但如果当时不把汇报的时间点确定下来，等到你要汇报的时候再去临时预约上司的时间，可能他的时间已经被其他事项占满，你根本预约不到。

　　如果当时能定下具体的时间点，那么上司就不会在这个

时间点安排其他工作了。再者，如果参加汇报的人很多，你必须得参考每个人的日程安排，根据每个人的空闲时间进行最终日程的协调。虽然当场确认每个人的日程可能需要花点时间，但是肯定要比你事后一个一个地反复确认和来回协调要方便得多，工作效率也会提高很多。

如果当场有部分人员无法确定日程的话，也没关系，可以先把能确定的人员的日程确定好，选好几个暂定时间，这样的话，需要事后再次确认日程的人数就减少了。

在丰田公司，预约和协调会议时间一般由助理来完成。但还是会有很多不确定因素，比如参加会议人数较多，高层管理者的日程较满，等等，导致预约和协调会议时间并不是一件轻松和容易的事情。

我深知预约时间的不易，所以通常我会在这一次的会议中，当场确定好下一次开会的时间，避免事后再去预约和反复来回协调。

做起来其实很简单，你只需要在开会的时候问上一句："我们下一次什么时候再碰头呢？下次会议定在什么时候好呢？"

当然，根据人员或情况的不同，可能当场确定下一次会议时间也有比较困难的时候，但是，尽可能当场确定下来吧。

只需要简单的一个动作，你就可以节约30分钟到1个小时的时间。可能你还可以预约到自己希望的时间。

所以，在会议的最后，不要忘记说上一句："我们下次会议定在什么时间好呢？"

## 将工作流程和工作计划分享给上司和相关人员

1 　将你制作好的工作流程和工作计划打印出来，或者直接用电子版也可以，与自己的上司和相关人员分享吧。在这个时间点，不需要制作得特别精致漂亮，能看懂就行。

你可以对上司和相关人员说，"某项工作的工作流程和工作计划做好了，希望提前跟您确认一下"，然后预约他们的时间当面进行说明。

2 　分享说明的时候，如果从上司和相关人员那里得到了建议，请当场对工作流程和工作计划进行修改。如果是打印出来的资料，可以直接在资料上手写。如果是电子版资料，不要在意格式是否美观，直接在电脑上进行修改。

另外记得要向上司和相关人员确认汇报的具体时间点。

**步骤8** **管理工作计划的进度**

## 工作计划是只作为参考吗

就算制订了工作计划，其实也难以完全按照工作计划的进度来推进。因为在推进工作的过程中，总是会出现事前无法预料的情况。比如，实际花费的时间超过预期，突然身体不舒服没办法上班，等等。

所以，也并不要求从一开始就完全按照工作计划的进度来推进工作。尽管已经用尽全力努力推进，但是工作推进过程中出现了延迟的情况，这也是没有办法的事情。

虽说是没有办法的事情，但是，就这样任其延迟呢，还是想办法尽力补救呢，两种选择，其最终结果肯定是不一样的。

很多人，可能会选择任其延迟。那么，你原本花了心思制订的工作计划就仅仅成了一个参考。这样的话，好不容易做完了制订工作计划的所有步骤，并根据上司和相关人员的建议进行修改，才最终完成的工作计划，就变得毫无意义了。

重要的是，"工作推进过程中出现了延迟的情况，怎么办"？

下面就工作进度延迟时该如何应对进行说明。

## 出现延迟的情况，首先应该做的事情是什么

如果工作推进过程中出现了延迟的情况，你会怎么做呢？

很多人会选择尽可能快速地完成眼前的工作，之后再进行补救。

也有很多人，面对延迟的状况，可能当时就想要有所行动。当然，比起"之后再想办法补救"，当时就能有所行动肯定是更好的选择。

但是，当工作推进过程中出现了延迟的情况，在发现延迟状况时你其实首先应该做的事情是思考出现延迟状况的原因。如果原因不明确，你想要采取补救措施，估计也只能停留在想法上而已。

工作推进过程中出现了延迟的情况，一定是有原因的。找到原因，才能想出正确的补救措施，并采取对策，防止该情况再次发生。

如果不查明原因，即便你采取了补救措施，可能也没有效果，或者你在补救过程中，又发生了同样的问题，最终可能会导致你的整个工作的完成时间更加延后了。

当然，面对延迟状况的焦虑心情是可以理解的。但是，请一定要先找到导致延迟状况的原因。

## 在丰田公司，是如何查找原因的

在丰田公司，因为工作流程和工作计划是非常明确的，一旦发生了延迟的情况，那么在哪个环节发生了延迟的情况、有什么预料之外的情况、出现了什么问题，基本上一目了然。所以，查找原因非常容易。

查找原因这件事，在丰田公司的生产现场你可以经常见到。生产现场一旦有异常或问题发生，作业人员可以拉下生产线上的紧急按钮，让生产线临时停止。虽然现场的作业人员可能会感到惊讶，"是谁把生产线给停了！"，但"出现问题立即解决"，这是丰田公司一直坚持的做法。

如果知道出现了问题，而还装作不知，继续让生产线运行生产，大家想想会发生什么后果呢？

那就是，有问题的车辆会被生产出来，而且可能还会流动到客户手中。但是，有问题的产品是绝对不可以交付给客户的。

可能有人会认为，车辆下线前会有最终检查，在终检环节再处理问题不就好了。但是，在丰田公司有这样一个理念，那就是"检查的哲学，在于不检查"。也就是说，不要依赖别人检查和检验，每个工序以及每个工序上的每个人对自己的工序负责，对自己制造的产品的质量负责。

131

当然，丰田公司也是有检查工序的。不过这是最后的保证产品质量的手段。丰田本来就要求每个工序一定要确保自己工序的品质没有任何问题。

我刚刚入职的时候，新人培训中有一个环节，是去生产现场实习一段时间。我实习的岗位是高冈工厂的检查工序，也就是对生产完成的汽车进行抽样检查。

抽检过程中，一旦发现问题和异常情况，出现问题和异常情况的工序的生产组长会立即赶到抽检现场，进行确认，调查原因，找到应对办法，并制订预防再次发生的措施。

**一旦发现问题，必须立即调查原因，采取对策。所以，在丰田公司，要立即停止生产线。**

这就是丰田公司的查找问题产生原因的办法。

## 工作出现延迟情况的应对办法及防范措施

丰田公司解决问题的办法和理念，不仅仅局限于生产现场，在白领们的办公室也是同样，一旦发现问题或出现延迟情况，必须立即查明原因，采取对策。

接下来，我会以自己在丰田负责人才培养工作时的亲身经历为例，来说明如何查明原因、制定对策。

那时，我负责的工作之一是，管理海外事业体的培训进度。

关于工作的推进方法，丰田有自己独特的理念和做法，"自工序完结"就是其中之一。而且，这不仅仅局限于日本的丰田公司，全世界各个丰田分公司的理念和做法也都是共通的。而且作为全员必修课程，其目标是必须全员掌握。

虽说是全员必修课程，但有段时间参加培训的人数却始终不见增长，需要想办法增加参训人数。

而我所负责的培训进度管理工作，便是旨在解决这一问题。培训日程管理的具体工作内容是，给海外的丰田公司制订培训计划，明确参加培训的人数和时间，然后按照培训计划实施，每三个月向总部提交一次培训计划实施情况报告。

你可能会问，不是公司员工的必修课程吗，怎么参加培训的人数却始终不见增长呢？

在丰田公司日本总部，员工入职和晋升的时间点是一致的，所以新入职员工和新晋升员工可以集中起来一起培训。但是，在丰田的海外公司，员工的入职时间并不统一。就算是刚毕业参加工作的新员工，其入职时间也不一致，社会招聘员工的入职时间就更加不统一了。

所以，海外公司并不能像日本总部一样可以安排统一时间进行集中培训。只能让各个海外公司制订自己的培训计划，明确什么时候多少人参加，然后按照各自的时间安排分别实施。

而且，虽说是必修课程，但因为工作太忙、紧急出差、突然生病等原因，有些员工不得不临时缺席培训。所以，培训计划虽然已经制订，但总不能完全按照计划执行，总是有延迟或特殊情况发生。

对于丰田各个海外公司的培训计划的完成情况，我会每三个月统计一次。对于培训计划总是延迟实施的海外公司，我会给海外公司或区域统括管理人员打电话，调查培训延迟的原因。

最开始，丰田几乎没有哪个海外公司会对培训延迟的原因进行调查。但经过我定期跟进，慢慢地丰田的各个公司也养成了调查原因的好习惯。而且，查明原因后采取了应对办法，并且制订了防范措施，慢慢地培训延迟的情况减少了。

刚开始的时候几乎所有海外公司的回复都是"好的，培训延迟的情况三个月内一定补救回来"，但结果还是没有任何改善，甚至延迟的情况更加严重了。后来我让他们查明原因，并制定再发生防止措施和应对办法，让他们不要只把补救的办法停留在想法上，而要实际行动起来。慢慢地情况改变了，延迟的情况也减少了。

那么，到底为什么会发生延迟的情况呢？需要采取什么应对办法呢？

下一小节中我继续为大家介绍。

其实，不管是工作计划还是工作进度，一旦有延迟发生，我们必须立即查明原因，采取对策，解决问题。

## 制订防范措施的重要性

工作推进过程中出现延迟的情况也没有关系，如果接下来的工作能快速做完，整体工作进度是可以赶回来的。

不过，通常还会发生这样的情况，好不容易赶回了进度，但是新的延迟情况又发生了，仿佛打地鼠游戏一样，这里的问题刚解决，那里又出现了新的问题。

再或者，甚至已经延迟的时间根本无法补回来，致使延迟的情况越来越严重。虽然有工作计划，但实际上根本无法按照工作计划进行。

你是不是也遇到过这样的情况？

实际上，工作中经常发生延迟情况的人，与发生了延迟的情况但能补救回来的人之间，是存在差异的。

能够把延迟的时间补回来的人，他们不仅仅是采取措施把延迟了的工作进度赶回来，而是采取对策防止同样的问题再次发生。也就是说，他们能防止延迟的情况再次发生。

那么，怎么做才能防止延迟的再次发生呢？

那就是，一旦你查明发生延迟情况的原因，一定要立即采取防范措施。一旦你拖拖拉拉，迟迟未能采取行动，那么在你拖延的时间里，同样的问题可能会再次发生，进而导致新的延迟，那么再想补救可就难上加难了。

刚刚介绍的我自己的案例中，员工不能参加培训的原因经常是"工作很忙""临时出差"。那么，针对这样的问题，我们采取了什么样的应对办法呢？海外公司的同事和我一起，对这些原因的背后因素进行了进一步挖掘。

说"工作很忙"的人，其实是因为在多项工作的优先顺序中，参加培训的优先度低于其他工作。说"工作很忙"，其实是因为原本应该参加培训的时间被其他工作占满，也就是说其他工作的优先度高于参加培训。

于是，我们针对培训的优先度商讨了应对措施。商讨的结果是，我们可以提前将培训相关的邮件发送给参加培训的员工的上司，明确告知培训的重要性、培训的意义、培训的内容、培训的效果，以及培训的具体日期。

这样一来，参训员工的上司就会知道自己的下属还有需要参加的培训，并认识到了培训的重要性。为了让参训员工能如期参加培训，上司会对其工作安排进行适当调整。

而在这之前，如果参训员工自己不主动告诉上司，上司根本不知道还有培训这个事。其结果就是，原本定好的参训时间，却可能被不知情的上司突然安排了紧急工作，那么下属就不得不缺席培训，优先处理手头的工作。

说"紧急出差"的人，情况其实同样。因为上司并不知道培训的日程，所以给下属安排了出差。

我们采取的办法是，从第二个月开始，首先由人事部门将培训邮件提前发送给参训员工的上司，其中就培训的内容、培训的意义、培训时间等信息进行说明。通过这样的办法，从第二个月开始，缺席培训的情况改善了。

就这样，认真查找原因，并制订防范措施。即便今后还有类似的问题发生，也能妥善处理。

## 思考补救措施

制订好防范措施后，要立即制订补救措施，把已经延迟的工作进度赶回来。根据当时的情况，也可以先制订补救措施。

如果制订防范措施需要花费很多时间，或者如果不立即采取补救措施，延迟的情况将会越来越严重，那么你需要优先制订补救措施解决眼前的延迟问题，然后再去制订防范措施。

但是，不管是什么顺序，最开始都需要调查清楚延迟发生的原因。之后才是采取补救措施和制订防范措施。基本上来说，是优先制订防范措施。根据情况的不同，可以灵活处理。

关于延迟的补救措施，怎么制订呢？

以刚刚我所列举的培训的案例来说明。对于培训当天没办法参加培训的员工，我们采取了"另择日期再开一场同样的培训"或者"下个月举行培训的时候再次邀请参加"等办法。

采取补救措施的时候，一定要最大化地利用当时能找到的所有资源，最大限度地赶回已经延迟的工作进度。

但是，因为补救措施是在问题发生之后才采取的，通常被称为"马后炮"或者"亡羊补牢"，所以可能要花费更多的时间、精力甚至费用。而这些时间、精力和费用原本是不需要花费的。

比如我们为了再开一场培训，不仅多花了不少时间和精力，还要额外支付讲师、场地等费用。

所以，基于此考虑，最好把补救措施和防范措施合并在一起考虑。


## 如果自己无力补救，就算是坏消息也要立即汇报

有些时候，即便已经用尽全力，但仅凭自己一个人还是无法解决问题。

比如，工作发生了延迟的情况，补救所需要的工作量自己一个人无法承担，或者需要动用其他部门的资源，再或者产生了额外的费用，等等。

这个时候，你要想一想，可以借用谁的力量呢？

如果你提前分享了自己的工作流程和工作计划，这个时候它就可以帮到你。配合工作流程和工作计划，不仅你讲解起来更加方便，你的同事也更容易理解是哪里出了问题。

另外，因为提前共享了信息，上司和相关人员已经知晓了你的工作情况，可能已经提前了解到你的工作需要协助。比起一项事前未知、突然冒出来的新工作，大家会更倾向于尽快协助解决自己提前知晓并已达成共识的工作。这基本上

是人类的共性。

另外，当延迟的情况发生时，不仅要寻求相关人员的帮忙，更要把情况向上司进行紧急汇报。发生延迟的情况对于作为负责人的你来说是坏消息。**你不想汇报或害怕汇报的心情可以理解，但越是不好的情况越应该尽快向上司汇报。**

在丰田公司，有一句话叫**"坏消息第一"。**

他们用"坏消息第一"来形容自己的处事立场，即坏消息需要立即得到处理。这正是丰田公司考虑到人们习惯于把坏消息隐藏起来的心理特征，而形成的一种做事原则。

**如果把出现的问题隐瞒起来，自己一个人想办法解决，多数时候，问题的"口子"会越变越大。**

所以，一旦有问题或不好的情况发生，一定要第一时间向上司和相关人员进行汇报，然后大家一起想办法应对。丰田公司已经将这样的做事原则向全体员工进行了传达和贯彻。

所以，当知晓问题或不好的情况之后，上司不能对下属发怒，不能生气，更不能责备下属。相反，上司要**肯定和感谢下属不做隐瞒而及时汇报的行为，并引导下属解决问题。**

我自己也曾多次向多位上司汇报过不好的情况，但是我从来没有被他们责骂过。他们会问我："那么，发生这种情况的原因和你的应对办法是什么呢？"

如果你正好是上司和前辈的角色，请一定要采取同样的做法。如果你是下属和后辈，请不要担心，你可以大胆地向你的上司汇报你所遇到的问题。

## "坏消息第一"的前提条件

我在雷克萨斯企划部工作的时候，也曾发生过不好的情况。我采取"坏消息第一"的办法向上司进行了汇报，并得到了上司和周围同事的帮助，最终顺利完成了工作。

我当时负责着两个车型的企划工作，一个是我自己原来负责的车型，一个是另一位同事交接的新车型，所以当时工作非常繁忙。

好在我提前将自己的工作内容、工作流程以及工作计划与上司进行了分享，了解我工作状况的上司给了我很多帮助，总算顺利完成了工作。

但是突然一项新的紧急任务接踵而至。在新车型上新加装的功能、配置等，其在国内的销售价格需要车型负责人自己确定。

我被分配到的工作是，确定轮毂的价格。但是其他工作已经占满了我的工作日程，而且任何一项时间都非常紧迫。

即便如此，我还是打算独立来完成轮毂价格的确定工作。但是把确定轮毂价格的工作加到我的整体工作计划中之后，我发现整个工作计划存在不能按时完成的风险。于是，我立即将这个情况向上司进行了汇报。这是"坏消息第一"的做法。

结果是，上司代替我完成了确定轮毂价格的工作。当时，上司看了我所有工作的优先顺序，并考虑到我的个人成长，确定到底哪件工作可以由他代替我完成。最后商量的结果是，确定轮毂价格的工作全部移交给上司来完成。

问题能得到圆满的解决，也正是因为我向上司分享了我的工作流程和工作计划。如果我没有提前分享，当我向上司汇报自己太忙无法兼顾新的工作时，上司极有可能认为我是一个"工作效率低"的人，从而降低对我的评价。

但是，通过提前分享，上司很容易就理解了我的难处，并且他也清楚地知道我无法完成新工作的原因是因为工作确实排得太满而做不过来。

而且，如果没有提前制作工作流程和工作计划，我就不可能知道每项工作的完成时间。从感觉上我会认为自己能完成，但实际做下来却发现时间根本来不及。

所以，在考虑补救措施的时候，如果自己一个人无法解决，一定要想办法借助他人的力量。或许，有人可能觉得借助他人的力量意味着自己无能，会有所抵触。

但是，这样的自以为是和抵触，可能造成极其严重的后果。比如，你无法按时完成工作，或者你迫于无奈只能降低工作成果的完成度。不管是哪样，你最后都可能会给别人增添麻烦，别人对你的评价也会下降。你自己也可能因为勉为其难地给自己加了很多工作，最终身体和心理上都吃不消。

比起这些后果，还是积极地去寻求借助其他人的力量来协助你完成工作吧。如果你已经提前分享了你的工作流程和工作计划，应该可以很顺利地得到别人的理解和帮助，请不要顾及太多。

## 如果找不到人帮忙，怎么办

如果运气不佳，找不到能帮助你的人，又该怎么办呢？

如今这个年代，基本上每家公司都处于人手不足的状态，员工都很忙碌。再加上工作方式的变革，越来越多的公司也开始限制加班时间。在这种情况下，要找到能帮助你的人，可能会比较困难。

这时，你可以考虑是否需要**重新修改自己的工作计划和工作完成标准**。比如，工作的截止日期可不可以延迟，需要产出的工作成果可不可以降低标准，等等。

如果你的工作截止日期只是往后延一天，那么就不需要做大的变动和修改。但是，**如果工作截止日期需要延后一个星期甚至更多的话，那么你就要考虑是不是可以降低工作成果的完成标准了。**

回过头再去审视一下工作的目的，看看可不可以在允许的范围内降低完成标准。比如，原本计划要实现10项功能，可不可以降为8项。

对工作计划和工作成果的完成标准进行调整的时候，必须要注意调整后的内容能不能达到工作目的的要求。**如果为了能在规定的截止日期内完成工作，导致最终产出的工作成果无法满足工作目的的要求，那么就是本末倒置了。**

比如，因为你把工作截止日期往后推迟了一天，却导致了重大活动无法顺利开展，并引来客户的投诉，那么你推迟截止日期就没有任何意义，反而给自己带来了很多麻烦。

同样的，如果为了赶在截止日期前完成而将完成标准降低太多，导致引进的系统无法正常运行或网站连连出错，依然会无法满足客户需求，无法达到工作目的。

所以，一定要在能满足最终的工作目的的前提下，在允

许的范围内，对工作计划和工作完成标准进行适当的修改和
调整。

## 变更和调整时，必须要做的事情

在考虑对工作计划和工作完成标准进行调整并制订调整
方案的时候，有一件必须要做的事情。那就是，调整方案不
可以自己独自做出决定，一定要得到相关人员的认可。

如果忘记了这一步，你调整后的工作计划和工作完成标
准，可能无法满足相关人员的期望和需求。所以，不管你调
整后的方案看起来多么优秀，不管你是多么努力地按照调整
后的方案完成了工作，都会变得毫无意义。

如此重要的事情，偏偏很多人却没有做到。如果仅仅是
按照自己的想法完成了工作，不管你多么努力，可能结果却
是给别人增添了麻烦，你也可能会因此失去别人的信任。

所以，你做出的调整方案，一定要得到相关人员的认
可，并且与之达成一致。这一点极为重要。

很多人总是不与任何人确认，就擅自降低工作完成标
准。他们会觉得延迟一天没什么大不了，也不提前知会对

方。其实这样的行为，会破坏别人对自己的信任。

所以，请一定要把你希望做的变更和调整，与相关人员进行商量和确认。如果不这么做，你可能会遭到上司的责备，周围的同事也会对你颇有微词。不管你做了多少努力，可能也无法获得大家的理解。

要获得别人对你的信任，需要花费很多时间，但丧失别人对你的信任，可能只需要一瞬间。

另外，在截止日期前完成工作，是你和相关人员已经定下的约定。按照商量好的标准完成工作，也是你和相关人员之间已经做好的约定。

可能你以为调整一点点没关系，但就算是一点点，也有可能破坏掉你和相关人员之间的信任。一旦丧失信任，要想再重新建立起来，可就非常难了。

当然，告诉对方可能无法按时完成而希望延期，或者拜托对方降低工作完成标准，确实有些难以启齿，相当于承认自己无法完成工作，甚至可能受到责备。所以，不愿意与对方沟通的心理是可以理解的。

但是，正因为这样，我们才要满怀诚意，去与对方沟通。可能你的诚心沟通，反而会让对方觉得你是一个遵守约定并值得信任的人。

连"只延期一天"这样一件小事，都能满怀诚心地去咨询对方的意见，获得对方的许可，反而可能会给对方留下做事踏实认真的印象。

正是因为很多人都喜欢不做任何沟通便擅自延迟截止日期，或擅自降低工作完成标准。你的积极沟通反而会显得与众不同，让人对你另眼相看，从而增加信任感。

## 未经同意而擅自延迟和降低标准的后果

实际上，我自己也遇到过类似的事情。最终的结果是，我对对方的信任大幅下降。

那是在我独立创业之后遇到的一件事情。当时，我联系了一家供应商为我制作网站。

事前约定的交货期到了，对方并没有主动联系并告知我是否已经完成。直到我打电话催促，对方才告诉我希望能延期。于是，我把交期延长了两个星期，但对方还是没能完成，反而又要求我继续延期两个星期。最后，竟然比原来约定的交期晚了一个月才交付，而且交付的网站故障不断。

经过这件事，我想我再也不会与这家公司开展任何业务合作了。那家公司不仅没有按照约定的交期完成工作，而且交付的工作成果也没有达到我的期望。

　　交付后，我查看了所有的网页，从中发现了大约两百个需要修改的地方。之后，对方进行了修改。网站正式上线的时间比预计时间晚了一个半月。

　　因为对方没有提前告知，也没有与我沟通，我作为工作成果的接收方，非常被动也非常苦恼。我对那家公司的信任降为零。通过这件事情，我更加真切地感受到，提前与工作成果接收方进行联络和沟通，并达成一致，多么重要。

　　如果不能按照工作成果接收方的要求完成工作，那么工作成果接收方将非常苦恼，而且还会丧失对你的信任。

　　所以，**当你的工作计划和工作完成标准有所调整的时候，一定要提前与工作成果的接收方沟通并取得对方的同意。**

管理工作计划的进度情况，提前做好对延迟情况的应对办法和防范措施

**1** 　对应你的工作流程和工作计划，进行每日进度管理。一旦出现延迟情况，要调查清楚延迟的原因。

延迟原因调查清楚后，一定要制订防范措施，并切实执行。

**2** 　另外，还要制订针对延迟情况的补救措施。

如果自己一个人无法实施补救措施，一定要借助他人的力量。如果没办法借助他人的帮助，你可以想办法调整工作的截止日期，或者降低工作的完成标准。当截止日期或工作完成标准的调整方案完成后，一定要第一时间与工作成果的接收方进行沟通，确保获得对方的认可和同意之后再执行。

切记，自己不要擅自延迟截止日期，不要擅自修改工作的完成标准。哪怕只有一点点变化，也不要擅自决定。因为截止日期和工作的完成标准，是你和对方已经做好的约定。

# 第 4 章

# 如何进一步完善
# 工作方法

## 工作完成的时点，是你成长的最佳时机

一项工作全部完成后，你会怎么做呢？

将与这项工作相关的所有资料全部归档整理，立即开始下一项工作，是吗？

对于每天工作任务繁多、被各种工作追着跑的商务人士来说，做完一项工作之后，肯定是希望能立即开始下一项工作，或者将全部精力集中到推进下一项工作上。

我知道大家工作非常繁忙，但还是希望大家能做到下面这一点。

其实，工作完成后的时点，正好是你进行改善的黄金时机。浪费这个时机，是件非常可惜的事情。

你可能会觉得，工作都已经结束了，还需要改进什么？

确实还有需要改善的地方，就是关于你所制作的工作流程、工作计划、工作成果的改善。

比如，工作推进过程中有没有出现过什么问题，有没有发生延迟的情况，有没有更好更有效果的方法，等等。从已经完成的工作中可以学到很多东西。

其实在推进工作的过程中，我们经常会反思，比如"这个地方这么做比较好，下次一定改善"，等等。但是，一旦工作做完，这些反思会全抛到脑后，这就是我们人的特性。所

以，趁着还没有忘记，赶紧思考一下需要改善的地方。

很多人却浪费掉了这个黄金时机，不做反思和改善，直接进入下一项工作中。

大家可能会觉得每天如此繁忙，根本没有时间浪费在进行改善上。但其实，你只需要花15分钟，就可以总结出至少5个需要改善的地方；如果能花上30分钟，你将可以进行一次深入的反思和充分的改善。

你愿不愿意花费这15分钟或者30分钟的时间，对你的成长和改变以及工作效率的提升影响巨大。

**一定要将工作中学到的知识变成自己可以熟练运用的知识。**这样，你的成长速度会一下子加快。

**当周围人都不这么做的时候，你做了。**这其实是你比别人更快速成长的好机会。

## 反省工作的推进过程和工作成果，思考如何改善

比如，当工作推进过程中发生了延迟的情况，其原因是什么？对策和要改善的地方是什么呢？

在工作的推进过程中，你肯定要设法处理好延迟的问

题。但事后想想，其实这也许并不是最好的办法。也许从一开始就可以防止延迟情况的发生。

本来当时应该好好反省，并制订防范措施。但由于时间紧急，并没有太多时间让你仔细地分析问题产生的原因，采取合适的防范措施。

所以，正好可以借助工作完成后的时间，好好回顾当时的情形，仔细思考应对办法和防范措施。

而且还可以总结一些工作技巧，比如制定工作流程以及制订工作计划的时候，"这个地方容易出现延迟的情况，所以要预留更多的时间""这是很容易出错的，所以一定要事前和相关人员进行详细说明"。

此外，最初制订的工作计划和工作成果概要图或概要说明，可能会发生变更。因为随着工作的推进，你可能会有更多更好的主意，也会发现更多的东西。这个时候，你可以回过头去想一想为什么会发生变更，是因为自己对工作计划和需要产出的工作成果的认识不足，还是由于外部因素导致的呢？

如果是因为自己的认识不足，那么下一次你需要特别注意什么？你打算怎么改善呢？可以仔细进行反省。

工作刚刚结束的时候，印象是较为深刻的，这个时候你会想到很多需要改善的地方。

你想到的这些需要改善的地方，说不定在下次工作中就能发挥作用。即便下一次的工作内容完全不同，你的经验和知识也有可能可以运用其中。

　　工作完成后进行总结、思考和改善，相当于把自己存在的问题再次暴露出来，可能很多人会有抵触情绪。但是，如果你希望能进一步减少"返工"和"无用功"，那么对于上一次工作的思考和反省就很有必要。

## 下次工作能轻松过关的秘诀

　　不仅要反思自己需要改善的地方，更要提前做好准备，让下一次工作变得更加轻松。有了充分的准备，下一步的工作可以轻松完成。一方面，效率得以快速提升，另一方面还可以减少"返工"和"无用功"的状况。

　　这里的提前准备，指的是制作执行手册和标准模板。

　　有了执行手册和标准模板，下一次再遇到同样的工作，就能非常快速地完成。工作效率也可以大幅提升。

　　当你需要轮岗的时候，如果有执行手册，工作交接会变得特别轻松。接替你的人也会由衷感到幸运。

另外，当你特别忙的时候，还可以把一部分工作交给其他人帮助完成。因为已经有执行手册，你交代工作的时候，指示和说明变得更加容易。你交代的对象按照执行手册去开展工作，也会比较安心。

而且对于你自己来说，执行手册也是非常有用的。

通常认为，执行手册是为部门和其他人准备的。其实并非如此，当你自己需要完成重复性工作时，执行手册也能为你提供帮助。

## 只有在工作中才能注意到的要点

执行手册也曾为我提供过很多帮助。

我在丰田公司负责人才培养工作的时候，需要频繁在海外公司开展相关培训。因为有执行手册，所以每次准备出差用的必需物品时，我只需要对照执行手册中的"工作所必需的物品、信息和数据"，就可以准备好所有的东西，而不用担心是否有遗漏。而且我还可以麻烦别人帮我准备，只需要告诉对方按照执行手册的内容准备即可。也因为有执行手册的提示，平时容易遗漏的事项，每次都没有忘记过。

**155**

如果**执行手册里还总结了推进工作过程中的注意事项**，那么可以提前关注，可以帮助你提前规避风险。

　　曾经，在我的培训课堂的考试中，发生过这样的事情。

　　当时培训的目的，是在丰田海外公司培养一批可以传授丰田公司独特理念的培训讲师。候选人必须参加笔试，并进行模拟讲课，分数合格才能被认定为培训讲师。

　　笔试的内容，不是选择、判断等只需要标示符号的题目，而是基本上都需要写文章进行说明和论述的题目。

　　海外公司的员工写出来的文字，字体和格式多样，很多试卷读起来特别费劲，因此阅卷的时候往往需要花费很多时间。

　　一场培训一般有大约20个人参加，题目数量在50道以上。阅卷本来就需要花费很多时间，如果书写再有问题，阅读起来比较费劲的话，就需要花费更多的时间了。到最后，阅到我自己怎么也认不出字迹的试卷时，只好询问随我一起出差的美国人，或者甚至直接询问试卷的答题者本人。

　　因为这些状况，阅卷工作进展得特别不顺利。

　　后来我设法进行了改善。我在执行手册中写到"考试前需要明确答题规范，要求必须使用楷体书写。不能用草书。最好认真地、一笔一画地书写。"

　　经过这样的改善，下一次再举行考试的时候，答题者的书写明显好转，阅卷工作很快就结束了。

这就是我曾经碰到的实际案例。在考试前，我未曾预料到会发生这样的情况。面对突发状况，我制订了补救措施，并写入执行手册，并在后来的考试中得以改善。

如果我没有将上述注意事项写入执行手册，可能在下一次考试的时候，参加考试的员工还是会忘记这重要的一点。

这就是执行手册的作用。

## 能简化日常工作的工具

不仅执行手册的作用大，标准模板也非常重要。

对于重复开展的常规性工作，如果有固定的标准模板，可以大幅提高工作效率。因为有标准模板，每次开展工作时，无须特别说明，只需要按照标准模板的格式，在空白处填入相关内容即可。无须特别说明，也不会有任何遗漏之处，可以大幅减轻工作负担。

我在雷克萨斯企划部工作的时候，曾发生过类似的事情。

通常，一款车型，每隔几年会推出该车型的小改款或大改款车型。除此之外，每年会对车型进行改良。改良的内容，会听取各个部门的意见，并基于他们的需求来决定。

比如，"在世界其他地区销售的电动座椅可以躺倒，我们也希望能增加这个功能""我们也想采用木纹面板"等。

美国、加拿大、中国、日本等世界各地的丰田分公司每年都会进行这样的需求调研。

我轮岗到雷克萨斯企划部的第一年，发现需求调研是没有固定模板的。全世界各个地区可以按照自己的格式完成需求报告。其结果是，读取和整理全世界范围内提交上来的需求报告，需要花费很多时间。而且，我们所希望和关心的内容，可能在提交上来的需求报告里并没有提及，往往还需要单独向对方进行咨询和进一步了解，这又要花费额外的时间和精力。

并且，收集上来的需求报告还要转交给技术部的研发人员，由他们来判断是否可以进行改良。而技术部的研发人员，往往不擅长英语，他们看了各地区提交上来的需求报告后，经常会问"这是什么意思"。

所以，不管是技术部的研发人员，还是我自己，为了应对这些不清晰的报告，都花费了很多额外的时间和精力。

当时，几乎所有需求报告都是同样的情况。为了改变这一现状，提高效率，所有车型负责人在一起商讨后，决定制作统一的标准模板用来收集丰田全球各公司的需求报告。

采用统一标准模板的第一年，全世界各个地区的车型负责人很不适应，但是第二年就习惯了。对于我们来说，因为各个地区提交上来的需求报告内容统一，格式一致，我们整理和提炼其中的内容就变得特别方便，内容上也更加符合需求，大大节省了时间和精力。

作用还不止如此。

即便车型负责人发生变化，其提交上来的需求报告用的还是我们习惯的标准模板，不会因车型负责人的变化而发生改变。因为不同的人有不同的资料制作习惯，所以，以往没有统一的标准模板时，不同的车型负责人提交上来的需求报告甚至连格式都不一样。这对于整理和提炼需求的我们来说，是一件相当费时费力的事情。

而且，对于技术部的研发人员来说，借助统一的标准模板，可以很清楚地知道什么地方写了什么内容。来自技术部研发人员的问题咨询也大幅减少了。

像这种重复性的日常工作，使用统一的标准模板，可以大幅提高工作的效率。

不仅能提高效率，还可以有效减少错误的发生，不会再因为返工和反复确认浪费时间及精力，自己的工作热情也会变得高涨，工作也会更加顺利。

## 能提高公司工作效率的简单工具

在前面的各个步骤中，我介绍了制作工作流程和工作计划并进行完善的方法，大家从中也感受到了这一方法的有效性。

而且，在必要的时候，一定要借助其他人的力量。在你感到烦恼的时候，如果有其他人愿意帮助你，你会感到特别安心。

那么接下来，还有最后一个方法一定要介绍给大家。

**当一项工作结束后，要把你自己在工作中学到的知识、总结到的技巧、需要改善的地方，以及你整理制作的执行手册和标准模板，与相关人员进行分享。**

这样做的目的，不仅是为了你自己，更是为了提高整个团队的工作效率，也为了更好地指导和培养你的下属及后辈，营造良好的工作氛围和高效的工作环境。其实到最后，受益的也是你自己。

比如，在丰田公司的生产现场，有被称为**"标准作业书"的执行手册**。执行手册是"自工序完结"的基本要领，也是本书中所介绍的"丰田高效工作法"的基本要领，也是进一步完善工作流程和工作计划的工具。

执行手册是生产现场所有人都共享的文件，可以说所有人都能按照执行手册的指引完成现场的作业。所以，当某位员工非常繁忙的时候，别人可以帮忙；当某位员工生病请假的时候，别的员工可以代为补上。

因为有明确的执行手册，工作的推进就不再依赖于负责这项工作的"人"本身，任何情况下都可以灵活应对。

随着参与和接触到这项工作的人越来越多，大家还可以贡献出自己不同的认识和想法，进而使执行手册不断完善。

比如，我前面介绍到的雷克萨斯车型需求收集工作中，后来制作了统一的标准模板，而且所有负责车型的人员都使用同一模板，所以，就算自己负责的车型发生变化，也不会感到苦恼。

**执行手册的共享，不仅对你自己好处多多，对于团队或公司整体也是大有裨益的。**

所以，一定要将你学到的东西、将你制作的东西，积极地与大家进行分享。

你的给予和分享，一定会带动更多人进行分享，最后分享的行为会逐渐扩散。一旦形成分享的氛围，你也会在其中受益。最终，职场所有人、团队所有人，甚至公司所有人的工作效率都将大幅提升。

营造分享氛围的第一步，请从你开始。

本书介绍的"丰田高效工作法"中所有的步骤，你一个人也可以完成。

　　与以往的做法相比，采用"丰田高效工作法"后，你的工作效率会大幅提升，还能减少"返工"和"无用功"状况的发生，减少时间和精力的浪费。

　　不过，如果你善于借用其他人的力量，工作效率还能进一步提升，工作推进流程也能进一步优化，工作可以变得更加轻松。

　　所以，一定要积极与自己的同事分享。

　　通过这些，你的工作方式会发生巨大的变化。

　　任何一个大的变化，都是从一个个细小的改变开始的。

　　通过分享这个小的改变，去营造职场中更大的变化吧。

　　我相信不仅你自己，你的同事、你的工作、你所在职场的氛围，都将发生很大的变化。

# 后记

感谢大家的厚爱，坚持阅读到最后。

在丰田公司，自从学习到"自工序完结"的工作方法后，我的工作状态发生了巨大的变化。以往那种工作不得要领、整日沮丧、充满无力感的工作状态，再也没有发生过。

由此，我深切地感受到掌握一个好的工作方法是多么的重要。

"自工序完结"真的非常优秀。

如今，能将这种优秀的工作方法介绍给全世界的你们，于我真是一件非常幸运的事情。

从丰田公司辞职后，我开始自己创业，以"自工序完结"为基础，形成了更加体系化的"丰田高效工作法"，并通过培训和面向企业经营者的咨询服务推广这种优秀的工作方法，最终贡献于企业工作效率的提升。对于这份意义非凡的工作，我深感荣幸。

我写作本书的初衷，是为了让更多每日辛勤工作的人们了解这些优秀的工作方法，帮助更多人更加轻松更加高效地完成工作。

本书中，我详细介绍了我的"丰田高效工作法"，而且全部是能学以致用的干货，没有任何冗余成分。

本书信息量大，内容多。读者在读过之后可能会产生畏难情绪，会认为实践起来比较麻烦或者难以执行。

没关系。

没必要从头开始每个步骤都一一照做。你可以选择其中一个步骤或一个方法，走出改变的第一步。

比如，面对一项模糊不清、理不清思路的工作时，你可以尝试着把它分解成可以着手的具体事项。

这样一来，是不是简单多啦？

再比如，当你对工作成果没有绝对的信心的时候，你可以尝试"报联商"，与自己的上司和相关人员商量沟通。

每一个步骤的最后，我都特意加入了一个小总结，叫"明天开始行动吧"。你也可以从这些总结要点开始尝试。

哪怕只是一个要点，或者某个步骤，都可以，请一定尝试着做一做。

等尝试的这个要点或步骤做习惯了，再一点点增加，一点点深入。不知不觉间，你会发现你的工作方式已经发生了巨大的变化。

以前，我因工作不得要领而苦恼的时候，曾希望能有一本这样成体系的书来为我提供指导。但是终究未能如愿。所以，在写作这本书的时候，深知因工作而苦恼的人们（包括我自己在内）的痛点，希望这本书能多少消除一些你的苦恼，为你带来一些切实的改变。

在此，我要衷心感谢编辑们为我创造这样一个宝贵的机会。谢谢你们。

还要衷心感谢在丰田公司工作时悉心栽培我教导我的上司和前辈们。我能有今天的成果，全在于上司和前辈们的耐心指导。同时，还要特别感谢工作中与我并肩作战、生活中一起开心玩耍的同事和后辈们。在丰田公司工作的日子里，因为有你们的陪伴，每天都很开心。从丰田公司离职后，你们依然邀请我参加聚会，还专程来金泽找我游玩。正是你们给予的关怀和支持，一直激励着我，感染着我。谢谢你们！

最后还要特别感谢支持我的读者朋友们，坚持阅读到最后的你们，是我今后继续努力的动力。

在此，也衷心希望我书中所介绍的方法，能为你们的工作带来变化。

衷心祝愿大家工作更加顺利，事业更加红火。

2018年11月

渡边英理奈

166